CUANDO ERA INVISIBLE

Martin Pistorius
con Megan Lloyd Davies

Cuando era invisible

La increíble historia del niño
que vivió 12 años atrapado
por su cuerpo inmóvil

indicios

Argentina – Chile – Colombia – España
Estados Unidos – México – Perú – Uruguay – Venezuela

Título original: *Ghost Boy*
Editor original: Simon & Schuster UK Ltd – A CBS COMPANY
Traducción: Daniel Menezo García

1.ª edición Octubre 2015

ISBN: 978-84-15732-14-3
E-ISBN: 978-84-9944-904-3
Depósito legal: B-18.156-2015

Fotocomposición: Ediciones Urano, S.A.U.
Impreso por: Rodesa, S.A. – Polígono Industrial San Miguel
Parcelas E7-E8 – 31132 Villatuerta (Navarra)

Impreso en España – *Printed in Spain*

Para mi esposa, Joanna,
que escucha los susurros de mi alma
y me ama por ser quien soy

Índice

Prólogo

Vuelven a poner en la tele *Barney el Dinosaurio*. Odio a Barney y el tema musical introductorio de la serie. La letra va acompañada de la melodía de «Yankee Doodle Dandy».

Veo cómo los niños saltan, brincan y rebotan en los enormes brazos abiertos de color lila del dinosaurio, y luego aparto la vista y contemplo la habitación en la que estoy. Aquí los niños están inmóviles en el suelo o arrellanados en butacas. Una cincha me mantiene sujeto a mi silla de ruedas. Mi cuerpo, como el de ellos, es una cárcel de la que no puedo escapar: cuando intento hablar, no emito sonido alguno; cuando quiero que mi brazo se mueva, permanece inmóvil.

Solamente hay una diferencia entre los niños y yo: mi mente salta y baja en picado, da volteretas y saltos mortales intentando liberarse de sus límites, provocar un relámpago de gloriosos colores en un mundo gris. Pero nadie lo sabe, porque no puedo decírselo. Creen que soy una cáscara vacía, motivo por el cual he pasado los últimos nueve años en este lugar, día sí día también, escuchando a *Barney* o *El rey león* y, justo cuando pensaba que la cosa no podía empeorar, llegaron los *Teletubbies*.

Tengo veinticinco años, pero mis recuerdos del pasado comienzan en el momento en que empecé a regresar a la vida desde algún lugar en el que anduve perdido. Era como ver destellos de luz en las tinieblas, mientras escuchaba hablar a la gente en mi decimosexto cumpleaños y se preguntaban si tendrían que afeitarme la pelusa de mi barbilla. Me daba miedo escuchar lo que decían, porque, aunque carecía de recuerdos o de sentido del pasado, estaba convencido de que era un niño, y aquellas voces hablaban de alguien a punto de convertirse en un hombre. Entonces, poco a poco, me di cuenta de que estaban hablando de mí, al tiempo que empecé a comprender que tenía una madre y un padre, un hermano y una hermana, a los que veía al final de cada día.

¿Has visto alguna vez una de esas películas en la que alguien se despierta siendo un fantasma, pero no sabe que ha muerto? Pues eso me pasaba a mí, porque era consciente de que la gente me miraba sin mirarme, y no entendía por qué. Por mucho que intentaba rogar y suplicar, gritar y vociferar, no lograba que nadie me viera. Mi mente estaba atrapada dentro de un cuerpo inútil; mis brazos y piernas eran cosas que no podía controlar, y no tenía voz. No podía hacer señas o emitir sonidos para hacer saber que había recuperado la consciencia. Era invisible: el chico fantasma.

De manera que aprendí a guardarme el secreto y me convertí en un testigo silencioso del mundo que me rodeaba, mientras mi vida transcurría como una sucesión de días idénticos. Han transcurrido nueve años desde el día en que volví a ser consciente, y durante este tiempo he escapado usando la única cosa que tengo, mi mente, para explorarlo todo, desde el negro abismo de la desesperación hasta el paisaje psicodélico de la fantasía.

Así fueron las cosas hasta que conocí a Virna, y ahora ella es la única que sospecha que oculta en mi interior hay una consciencia activa. Virna piensa que comprendo más cosas de las que nadie cree posible. Quiere que lo demuestre mañana, cuando me sometan a una prueba en una clínica especializada en dar voz a los silentes, donde ayudan a comunicarse a todo el mundo, desde personas con síndrome de Down y autismo hasta quienes padecen tumores cerebrales o lesiones derivadas de una embolia.

Una parte de mí no cree que en esa clínica abran la puerta a la persona que hay dentro del caparazón. Me costó tanto tiempo aceptar que estaba atrapado dentro de mi cuerpo, asimilar lo inimaginable, que tengo miedo a pensar que quizá pudiera cambiar mi destino. Pero, por mucho miedo que tenga, cuando pienso en la posibilidad de que alguien se dé cuenta, por fin, de que estoy aquí, siento cómo las alas de un ave llamada esperanza se agitan suavemente dentro de mi pecho.

1

Contando el tiempo

Paso mis días en un centro de acogida situado en los suburbios de una gran ciudad sudafricana. A una distancia de pocas horas hay colinas cubiertas de matojos amarillentos, donde acechan los leones en busca de presas. Detrás de ellos van las hienas, que aprovechan los despojos, y al final vienen los buitres, con la esperanza de picotear las últimas tiras de carne pegada a los huesos. No se desperdicia nada. El reino animal es un ciclo perfecto de vida y muerte, tan infinito como el propio tiempo.

He llegado a entender tan bien la infinitud del tiempo que he aprendido a perderme en su interior. Pueden pasar días, por no decir semanas, en las que me desconecto y dentro de mí todo es oscuridad; es una nada a la que lavan y alimentan, a la que pasan de la silla de ruedas a la cama; o bien me sumerjo en los diminutos fragmentos de vida que veo a mi alrededor. Las hormigas que transitan por la tierra existen en un mundo de guerras y escaramuzas, batallas que ganan o pierden, y yo soy el único testigo de una historia tan sangrienta y terrible como la de cualquier pueblo.

He aprendido a dominar el tiempo en vez de ser su recipiente pasivo. Pocas veces veo un reloj, pero he aprendido a saber qué hora es fijándome en la distribución de la luz solar y de las sombras a mi alrededor, después de que me diera cuenta de que podía fijarme dónde daba la luz cada vez que escuchaba a alguien preguntar la hora. Entonces utilicé los puntos fijos que me proporcionan tan implacablemente los días que paso aquí (una bebida a las diez de la mañana, el almuerzo a las once y treinta, una bebida a las tres de la tarde) para perfeccionar la técnica. Después de todo, he tenido muchas oportunidades de practicar.

Esto significa que ahora puedo plantar cara a los días, mirarles a los ojos y contarlos minuto tras minuto, hora tras hora, mientras dejo que me llenen los sonidos silenciosos de los números: la sinuosidad suave de los seises y los sietes, el satisfactorio *staccato* de los ochos y los unos. Después de perder una semana entera haciendo esto, agradezco vivir en un lugar soleado. Si hubiese nacido en Islandia, quizá jamás habría aprendido a dominar el reloj. Por el contrario, he tenido que permitir que el tiempo me sumergiese sin cesar, erosionándome poco a poco como a un guijarro en la playa.

Para mí es un misterio cómo sé las cosas que sé: que Islandia es un país de oscuridad y luz extremas, o que después de los leones vienen las hienas y más tarde los buitres. Aparte de la información de la que me saturo cada vez que está puesta la televisión o la radio (las voces como un sendero del arco iris que lleva a la olla de oro que es el mundo exterior), no recibo lecciones ni nadie me lee libros. Esto me hace preguntarme si las cosas que sé son aquellas que aprendí antes de ponerme enfermo. Es posible que la enfermedad haya hecho estragos en mi cuerpo, pero mi mente sólo fue un rehén temporal.

Ahora es mediodía, lo cual quiere decir que pasarán menos de cinco horas hasta que mi padre venga a recogerme. Es el mejor momento de la jornada, porque significa que por fin puedo dejar atrás el centro de día, cuando papá me recoge a las cinco de la tarde. No puedo describir lo entusiasmado que me siento los días que viene mi madre cuando acaba de trabajar a las dos.

Ahora empezaré a contar los segundos, luego los minutos, luego las horas, y si tengo suerte conseguiré que mi padre llegue un poquito antes.

Uno, dos, tres, cuatro, cinco...

Espero que papá encienda la radio del coche para que podamos escuchar la retransmisión del partido de críquet mientras vamos para casa.

—¡¿Y eso?! —exclama cuando un bateador es eliminado.

Lo mismo dice mi hermano David si está enfrascado en un juego de ordenador cuando yo estoy en el cuarto.

—¡He subido de nivel! —exclama a veces mientras sus dedos vuelan por el teclado.

Ninguno de los dos tiene idea de lo mucho que valoro esos instantes. Cuando mi padre aplaude cuando anotan una carrera o mi hermano frunce el ceño, frustrado, cuando intenta mejorar su puntuación, imagino en silencio las bromas que les haría, las palabrotas que soltaría con ellos si pudiera, y durante unos breves y preciosos instantes dejo de sentirme como un espectador.

Ojalá papá venga pronto.

Treinta y tres, treinta y cuatro, treinta y cinco...

Hoy me siento el cuerpo pesado, y la cincha que me sujeta se me clava en la carne a pesar de la ropa. Me duele la cadera derecha. Ojalá alguien me tumbase para aliviar el dolor. Estar sentado durante horas no resulta tan descansado como podrías imaginarte. ¿Has visto episodios de dibujos animados en los que alguien se cae por un barranco y cuando se estrella contra el suelo, ¡patapam!, se hace trizas? Así es como me siento, como si me hubiera partido en un millón de pedacitos y cada uno de ellos me doliera. La gravedad es dolorosa cuando aplasta a un cuerpo que no está preparado para soportarla.

Cincuenta y siete, cincuenta y ocho, cincuenta y nueve. Un minuto.

Quedan cuatro horas y cincuenta y nueve minutos.

Uno, dos, tres, cuatro, cinco...

Por mucho que lo intento, mi mente vuelve a centrarse en el dolor de la cadera. Pienso en el personaje de los dibujos, el que se hace trizas. A veces me gustaría estrellarme contra el suelo como él y quedar reducido a añicos. Porque a lo mejor entonces, como le pasa a él, podría incorporarme y volver a recomponerme milagrosamente antes de salir corriendo.

2

En las profundidades

Hasta los doce años fui un niño normal, quizá más tímido que la mayoría y no de esos que no paran, pero un niño sano y feliz. Lo que más me gustaba era la electrónica, y tenía tal talento natural que ya a los once años mi madre me dejaba reparar los interruptores, porque llevaba años montando circuitos electrónicos. Gracias a mis aptitudes podía añadirle un botón de reseteo al ordenador de mis padres, y montar un sistema de alarma para proteger mi cuarto de mis hermanos pequeños, David y Kim. Los dos estaban decididos a invadir mi diminuto reino de Lego, pero el único ser vivo al que permitía la entrada en él, aparte de mis padres, era a nuestro pequeño perrito amarillo llamado *Pookie*, que me seguía a todas partes.

Con el transcurso de los años he escuchado atentamente durante incontables reuniones y citas, de modo que me enteré de que en enero de 1988 volví a casa del colegio quejándome de dolor de garganta, y ya no volví a pisar un aula. Durante las semanas y meses siguientes dejé de comer, empecé a dormir muchas horas al día y me quejaba de lo mucho que me dolía caminar. Mi cuerpo empezó a debilitarse a medida que dejaba de usarlo, y mi mente también: primero olvidé hechos, luego cosas habituales como regar mi bonsái, y, al final, incluso rostros.

Para intentar ayudarme a recordar, mis padres me dieron un marco con fotos de la familia, algo que podía llevar a todas partes, y mi madre, Joan, cada vez que mi padre, Rodney, estaba fuera por negocios me ponía un vídeo donde salía él. Pero aunque tenían la esperanza de que las repeticiones impedirían que los recuerdos escapasen de mi mente, la cosa no funcionó. Mi comunicación oral fue empeorando mientras olvidaba lentamente quién era yo y dónde estaba. Las últimas palabras que pronuncié fueron cosa de un año después de caer enfermo, mientras estaba acostado en la cama de un hospital.

«¿Cuándo a casa?», pregunté a mi madre.

Pero nadie podía comunicarse conmigo mientras mis músculos se echaban a perder, mis miembros se volvían espásticos y mis manos y pies se engarfiaban como garras. Para asegurarse de que no me muriese de hambre a medida que mi peso caía en picado, mis padres me despertaban para darme de comer. Mientras mi padre me mantenía erguido, mi madre me daba cucharadas de comida, y yo tragaba instintivamente. Aparte de eso, no me movía; no reaccionaba ante nada. Estaba sumido en una especie de coma vigilante que nadie entendía, porque los médicos no pudieron diagnosticar su origen.

Al principio, los médicos pensaron que mi problema era de origen psicológico, y pasé varias semanas en la unidad psiquiátrica. Fue sólo cuando tuvieron que trasladarme a urgencias porque me deshidraté, después de que los psicólogos no pudiesen convencerme de que comiera o bebiera nada, cuando acabaron aceptando que mi enfermedad era física, no mental. De modo que me hicieron escáneres cerebrales y electrocardiogramas, resonancias magnéticas y análisis de sangre, y me administraron tratamiento contra la tuberculosis y la meningitis criptocócica, pero no llegaron a un diagnóstico concluyente. Probaron una medicación tras otra: cloruro de magnesio y potasio, anfotericina y ampicilina; pero nada surtió efecto. Había traspasado las fronteras del conocimiento médico. Estaba perdido en la tierra donde anidan los dragones, y nadie podía rescatarme.

Lo único que podían hacer mis padres era ver cómo me iba alejando de ellos día tras día; intentaron que siguiera caminando, pero a medida que mis piernas se debilitaban cada vez tenían que sostenerme más; me llevaron a hospitales por toda Sudáfrica, donde me hicieron una prueba tras otra, pero no encontraron nada; escribieron cartas llenas de desespero a expertos en Estados Unidos, Canadá e Inglaterra, quienes respondieron que, sin duda alguna, sus colegas sudafricanos estaban haciendo todo lo que podía hacerse.

Los médicos tardaron cosa de un año en admitir que se les habían acabado las opciones de tratamiento. Lo único que podían decir es que yo padecía un trastorno neurológico degenerativo, de origen y diagnóstico desconocidos, y aconsejar a mis padres que me ingresaran en una residencia para dejar que la enfermedad siguiera su curso. Educada, pero firmemente, la medicina se lavó las manos respecto a mi caso, diciendo a mis padres, en pocas palabras, que ingresaran hasta que mi muerte nos librase a todos del problema.

De modo que me llevaron a casa, donde me cuidaba mi madre, quien renunció a su trabajo como radióloga para estar a mi lado. Entretanto, mi padre pasaba tantas horas trabajando como ingeniero mecánico que a menudo no llegaba a casa a tiempo para ver a David y a Kim antes de que se acostaran. La situación era insostenible. Más o menos después de un año de estar en casa, cuando yo tenía catorce años, mis padres decidieron que debía pasar mis días en un centro de día para personas aquejadas de parálisis cerebral, donde estoy ahora, pero que volvería a casa todas las noches.

Pasaron los años y yo viví en mi mundo tenebroso. Mis padres llegaron incluso a poner colchones en la sala de estar para que ellos, Kim y David pudieran vivir como lo hacía yo, al nivel del suelo, con la esperanza de estrechar vínculos conmigo. Pero yo estaba tumbado como una cáscara vacía, inconsciente de lo que me rodeaba. Entonces, un día, empecé a regresar a la vida.

La última foto como una familia «normal», sacada en 1987.

3

Salir a respirar

Soy un animal marino que se arrastra por el fondo del mar. Aquí está oscuro. Hace frío. Por encima de mí, por debajo, y a mi alrededor, no hay otra cosa que oscuridad.

Pero entonces comienzo a ver rastros de luz que brillan por encima de mi cabeza. No entiendo lo que son.

Algo me dice que debo intentar alcanzarlos. Eso me impulsa hacia lo alto mientras pataleo intentando asirme de los rayos luminosos, que se mueven erráticos en la superficie, muy lejos de mí. Danzan enhebrando tapices de oro y sombra.

• • •

Mi vista se centra. Estoy mirando un zócalo. Sé que no tiene el aspecto que presenta normalmente, pero ignoro cómo sé esto.

• • •

Un susurro en mi rostro: es viento.

• • •

Capto el aroma de la luz del sol.

• • •

Música, alta y metálica. Niños que cantan. Sus voces vienen y van, primero potentes y luego amortiguadas, hasta que al final se apagan.

• • •

Una alfombra entra en mi campo visual. Es un torbellino de negros, blancos y marrones. Fijo la vista en ella, intentando que mis ojos se mantengan firmes, pero la oscuridad viene a reclamarme otra vez.

• • •

Me frotan la cara con un paño húmedo y siento que mis mejillas arden con desaprobación, mientras una mano sujeta con firmeza mi cuello. «No tardaremos nada —dice una voz—. Tenemos que asegurarnos de que eres un chico limpio, ¿no?»

• • •

Los ramalazos de luz se vuelven más brillantes. Estoy más cerca de la superficie. Quiero salir al exterior, pero no puedo. Todo se mueve demasiado rápido, mientras que yo estoy inmóvil.

• • •

Huelo algo.

Tiro de mis globos oculares hacia arriba. Los siento muy pesados.

Hay una niña pequeña delante de mí. Está desnuda de cintura para abajo. Tiene la mano manchada de marrón. Suelta una risita mientras intenta abrir la puerta.

—¿Adónde vas, señorita Mary? —pregunta una voz, y un par de piernas entran al extremo de mi campo de visión.

Escucho cómo se cierra la puerta y luego una exclamación de disgusto.

—¡Otra vez no, Mary! —exclama la voz—. ¡Mira mi mano!

La niña pequeña se ríe. Su alegría es como un soplo de viento que abre un surco sobre la arena que se extiende por una playa lisa y desierta. Siento cómo vibra en mi interior.

• • •

Una voz. Alguien está hablando. Dos palabras: «dieciséis» y «muerte». No sé qué quieren decir.

• • •

Es de noche. Estoy en mi cama. En casa. Miro alrededor en la penumbra. A mi lado veo una hilera de ositos de peluche, y a mis pies hay algo. Es *Pookie*.

Pero cuando desaparece aquel peso familiar, siento que despego. Estoy confundido. No estoy en el mar. Ahora estoy en la vida real. Pero aún siento como si flotase, dejando mi cuerpo y elevándome hacia el techo de mi habitación.

De repente me doy cuenta de que no estoy solo. A mi alrededor se congregan presencias alentadoras. Me consuelan. Quieren que las siga. Ahora comprendo que no hay motivo para quedarme aquí. Estoy cansado de intentar llegar a la superficie. Quiero abandonar, entregarme a las profundidades o a las presencias que me acompañan ahora, cualquiera de las dos que me reclame primero.

Pero entonces me invade un pensamiento: no puedo dejar a mi familia.

Están tristes y yo soy la causa. Su pena es como un sudario que me envuelve cada vez que traspaso la superficie de las olas. Si me voy, no tendrán nada a lo que aferrarse. No puedo irme.

El aire penetra en mis pulmones. Abro los ojos. Vuelvo a estar solo. Lo que estuviera conmigo se ha marchado.

Ángeles.

He decidido quedarme.

4

La caja

Aunque recuperé la consciencia, no entendía plenamente lo que me había pasado. De la misma manera que un bebé no nace sabiendo que no puede controlar sus movimientos ni hablar, yo no pensaba en lo que podía o no podía hacer. Por mi mente cruzaban pensamientos a los que nunca quise ponerles palabras, y no era consciente de que el cuerpo que veía cómo se retorcía o estaba quieto era el mío propio. Tardé un tiempo en comprender que estaba completamente solo en medio de un océano de personas.

Pero a medida que mi consciencia y mis recuerdos empezaron a cohesionarse lentamente, y que mi mente fue restableciendo el vínculo con mi cuerpo, comencé a entender que yo era distinto. Recostado en el sofá mientras mi padre veía una competición de gimnasia en televisión, me quedé fascinado al ver aquellos cuerpos que se movían con tanta desenvoltura, la fortaleza y la potencia que manifestaban en cada uno de sus giros. Entonces bajé la vista a un par de pies que veía a menudo, y me di cuenta de que eran los míos. Lo mismo pasaba con las dos manos que temblaban incontroladamente cada vez que las veía cerca. También formaban parte de mí, pero no podía controlarlas en absoluto.

No estaba paralítico; mi cuerpo se movía, pero con total independencia de mí. Mis miembros se habían vuelto espásticos. Los sentía distantes, como si estuvieran recubiertos de cemento, y no podía controlarlos. La gente no dejaba de intentar inducirme a mover las piernas (los fisioterapeutas me las doblaban contorsionándolas, y eso me dolía, mientras intentaban que los músculos siguieran funcionando), pero no era capaz de moverme sin ayuda.

Las pocas veces que caminaba era para dar unos pocos pasos arrastrando los pies mientras alguien me sujetaba, porque si no hubiera caído al suelo como un plomo. Si intentaba comer solo, mi mano manchaba de comida mi mejilla. Si me caía al suelo, mis brazos no se movían instintivamente para protegerme, de modo que aterrizaba de cara. Cuando estaba en la cama, no podía darme la vuelta, de modo que me quedaba horas en la misma posición hasta que venía alguien a moverme. Mis miembros no querían abrirse ni ser fluidos; en lugar de eso, se doblaban sobre sí mismos como si fueran caracoles que se ocultasen en su concha.

Igual que un fotógrafo ajusta cuidadosamente la lente de su cámara hasta que la imagen está clara, mi mente tardó tiempo en centrarse. Pero mientras mi cuerpo y yo estábamos enzarzados en un combate infinito, mi mente se iba fortaleciendo lentamente a medida que los retazos de mi consciencia se iban cohesionando.

Poco a poco fui consciente de cada día y de las horas que los componían. La mayoría eran triviales, pero hubo momentos en que vi cómo se desarrollaba la historia. El recuerdo de cuando nombraron presidente a Nelson Mandela en 1994 es borroso, pero la muerte de Diana de Gales en 1997 es un recuerdo diáfano.

Creo que mi mente empezó a despertarse en torno a los dieciséis años, y a los diecinueve volvía a estar intacta: yo sabía quién era y dónde estaba, y comprendía que me habían arrebatado una vida de verdad. Estaba totalmente sepultado.

Eso fue hace seis años. Al principio quise luchar contra mi destino dejando algunas pequeñas señales que condujesen a otras personas hacia mí, como aquellas migas de pan que Hansel y Gretel dejaron tras de sí para ayudarles a encontrar el camino de salida en aquellos bosques tenebrosos. Pero poco a poco entendí que mis esfuerzos nunca serían suficientes: aunque estaba volviendo a la vida, nadie entendía por completo qué estaba pasando.

Mientras recuperaba lentamente el suficiente control de mi cuello como para mover la cabeza hacia abajo y a la derecha, levantándola de vez en cuando o sonriendo, los demás no comprendieron qué significaban esos nuevos movimientos. No creían que los milagros pasaran dos veces: yo ya había sobrevivido a las previsiones de los médicos cuando dijeron que moriría inevitablemente, de modo que nadie pensó en una segunda intervención divina. Cuando empecé a «contestar» que sí o que no a preguntas sencillas, moviendo la cabeza o sonriendo, pensaron que esto era un mero indicio de una mejora muy básica. Nadie se planteó que la mejora en mis respuestas significase que, de alguna manera, mi inteligencia estuviera intacta. Hacía mucho tiempo les habían dicho que mi cerebro estaba muy dañado, de modo que cuando aquel joven con brazos y piernas de palo, mirada vacía y labios babeantes levantaba la cabeza de vez en cuando, eso es lo que veían.

De manera que me cuidaron (me dieron comida y bebida, me limpiaban y lavaban), pero les pasé desapercibido. Una y otra vez pedía a mis miembros rebeldes que hicieran alguna señal, que demostrasen a alguien que todavía estaba allí, pero nunca hacían lo que les exigía.

• • •

Estoy sentado en mi cama. El corazón me late deprisa mientras mi padre me desviste. Quiero que sepa, que comprenda que he regresado a él. ¡Tiene que verme!

Observo mi brazo, concentrando mi voluntad para moverlo. Hasta la última fibra de mi ser se condensa en este instante. Observo mi brazo, rogando, presionando, amonestando y suplicando. Mi corazón da un vuelco cuando siento que responde a mis ruegos. Sacudo el brazo por encima de la cabeza. Por fin señalo el camino de vuelta hacia mi persona con ese tipo de señal que he invertido tanto tiempo en hacer.

Pero cuando miro a mi padre, en su rostro no se lee ni la conmoción ni la sorpresa. Se limita a seguir quitándome los zapatos.

¡Papá! ¡Estoy aquí! ¿Es que no lo ves?

Pero mi padre no se entera. Sigue desvistiéndome, y mi mirada se desliza involuntariamente hacia mi brazo. Sólo entonces me doy cuenta de que no se está moviendo. Por poderosa que parezca mi esperanza, su única manifestación externa es una leve sacudida muscular cerca de mi codo. El movimiento es tan discreto que estoy seguro de que mi padre nunca lo verá.

Me invade la ira. Estoy seguro de que voy a reventar. Jadeo en busca de aire.

—¿Te encuentras bien, hijo? —pregunta mi padre cuando escucha mi respiración agitada, levantando la vista.

No puedo hacer otra cosa que quedarme mirándole, rogando que mi desesperación silenciosa se transmita de alguna manera.

—Vamos a meterte en la cama, ¿vale?

Me pone la camisa del pijama y me tumba en la cama. La rabia me muerde el estómago. Sé que tengo que apaciguarla: si no lo hago, me dolerá demasiado. Tengo que perderme en la nada, porque si no me volveré loco.

• • •

En otras ocasiones intento gritar, con la esperanza de que si algún sonido escapase de mi pecho quizás alguien se preguntaría qué significa, pero no logro emitir sonido alguno. En años posteriores a veces intentaba hablar, pero siempre guardaba silencio. No podía coger un lápiz para garrapatear un mensaje o redactar un mensaje pidiendo ayuda. Estaba abandonado en mi propia isla, y a medida que me daba cuenta de que nadie me iba a rescatar, la esperanza se iba apagando en mi interior.

Primero llegó el espanto, y luego la amarga decepción, y me volqué en mí mismo para sobrevivir. Como una tortuga que se bate en retirada a su concha, intenté huir de la realidad por medio de la fantasía. Sabía que me iba a pasar el resto de la vida tan impotente como vivía cada día presente, y al final ya no intentaba responder o reaccionar, y contemplaba el mundo con una expresión vacía.

A otras personas les parecía una planta en una maceta: algo que había que regar y dejar en un rincón. Todo el mundo estaba tan acostumbrado a que yo no estuviera allí que ni se dieron cuenta cuando empecé a estar presente otra vez.

Después de todo, ya me habían metido en una caja mucho antes. Lo hacen con todos nosotros. ¿Eres el niño «difícil» o el amante «histriónico», el hermano «beligerante» o el cónyuge «sufrido»? Las cajas hacen que seamos más fáciles de comprender, pero también nos encarcelan, porque la gente no ve más allá de ellas.

Todos tenemos ideas fijas de los demás, aunque la verdad puede ser muy distinta de lo que creemos ver. Por eso nadie se planteó qué podía significar que yo empezase a mejorar lo suficiente como para responder a preguntas sencillas como «¿Quieres un té?» moviendo la cabeza o sonriendo.

Para la mayoría de las personas que me conocían, yo no era más que un trabajo. Para el personal en el centro de día, era un objeto familiar al que no hacían caso después de tantos años; para los trabajadores sociales de otros centros a los que me enviaban cuando mis padres no estaban, era sólo un paciente de paso; y para los médicos que me examinaban, era «el paciente que no puede hacer gran cosa», memorable comentario que hizo un médico a su colega mientras yo estaba tumbado como una estrella de mar sobre la mesa de radiografías.

Entretanto, mis padres tenían trabajos a tiempo completo y otros dos hijos de los que cuidar, aparte de mí, pero lo hacían todo, desde cambiarme los pañales hasta cortarme las uñas de los pies. Satisfacer mis necesidades físicas consumía tanto tiempo y energía que no es de extrañar que mis padres no se detuvieran a pensar si yo habría derrotado las probabilidades médicas y me estaba recuperando de una forma que era milagrosa.

Por lo tanto, éste es el motivo de que me quedara dentro de la casilla en la que me habían metido tanto tiempo atrás. Era aquella que llevaba una etiqueta de una sola palabra: «IMBÉCIL».

Papá (Rodney) y Martin sentados en el sofá de casa.

5

Virna

El aroma del aceite de mandarina es intenso pero dulce mientras Virna me masajea el brazo. Sus manos se mueven como si fueran una sola mientras masajea los músculos plomizos. Mientras la observo, ella levanta la cabeza para sonreírme, y me pregunto una vez más cómo es que no percibí la esperanza en el momento en que entró en mi vida.

Para empezar, lo único que supe es que Virna nunca enseñaba los dientes cuando sonreía, y movía la pierna nerviosa cuando estaba sentada en una silla. Había empezado a trabajar en mi centro de día como cuidadora ayudante de las familias, y yo había percibido estos detalles sobre ella porque eso es lo que uno aprende a hacer cuando nadie le habla. Pero entonces Virna empezó a hablarme, y me di cuenta de que era una persona de la que no podría olvidarme jamás. Las palabras de la mayoría de personas me pasan cerca, me rodean, me pasan por encima, de modo que alguien que me trate como algo superior a un tubérculo se vuelve inolvidable.

Una tarde Virna me dijo que le dolía el estómago. Éste es el tipo de confesión que llevo años oyendo, porque la gente conversa confiadamente pensando que en realidad no estoy con ellos. Lo que yo no sepa sobre los problemas de salud de algunos de los terapeutas es que no vale la pena saberlo: una tiene un marido con alzheimer, otra tiene problemas de riñón, y otra tiene un tumor vaginal que casi le impidió ser madre.

Pero cuando Virna me hablaba era diferente. No hablaba consigo misma, con otra persona o ni siquiera con la habitación vacía, como hacía la mayoría. Se dirigía a mí, charlando como lo haría con alguien de su edad sobre los pensamientos que flotaban por su mente como motas de polvo en un rayo de sol. Era una conversación como podrían tenerla unos amigos de veintitantos años, pero para mí era una experiencia nueva. Pronto Virna empezó a contarme de todo, desde su tristeza por la enfermedad de su abuela hasta su nuevo cachorrito y aquel chico con quien tener una cita le hacía mucha ilusión. Me sentí casi como si estuviera haciendo mi primera amiga.

Ése fue el motivo de que empezase a mirar a Virna, que es algo que no hago habitualmente. Lo normal es que mi cabeza me parezca un bloque de cemento liviano cada vez que intento levantarla, y no es frecuente que esté al mismo nivel visual que otras personas, porque siempre estoy sentado en una silla o tumbado. Me requiere tanto esfuerzo que hace mucho tiempo que dejé de establecer contacto visual con personas que miran, pero nunca ven. Cada día me paso horas sentado con la vista fija en el vacío. Pero eso cambió cuando Virna empezó a hacernos masajes de aromaterapia a mí y a algunos de mis compañeros, para aliviar nuestros brazos y piernas retorcidos. Tumbado boca arriba mientras ella masajeaba mis músculos doloridos, podía dejar que mis ojos siguieran sus movimientos mientras ella me hablaba, y poco a poco empecé a atisbar desde la concha a la que me había retirado.

Virna me miraba como si me viera, algo que nadie había hecho desde hacía mucho tiempo. Se dio cuenta de que mis ojos eran realmente las ventanas a mi alma, y cada vez estuvo más convencida de que yo entendía lo que me contaba. Pero ¿cómo podría convencer a nadie más de que aquel chico invisible y aletargado era capaz de algo más?

Los meses se convirtieron en un año, y luego en dos. Entonces, hace cosa de seis meses, Virna vio un programa en televisión sobre una mujer a la que ayudaron a comunicarse después de que una embolia la dejase muda. Poco después asistió a una jornada de puertas abiertas en un centro cercano, donde escuchó a expertos que hablaban de lo que se podía hacer para ayudar a quienes no pueden hablar, y volvió a contarme emocionada todo lo que había descubierto.

—Usan interruptores y aparatos electrónicos para ayudar a la gente a comunicarse —me dijo—. ¿Crees que podrías someterte a una prueba de evaluación, Martin? Estoy segura de que sí.

Otros miembros del personal también habían ido a aquella jornada, pero no estaban tan convencidos como Virna de que yo pudiera ser un candidato idóneo.

—¿De verdad piensas que está en condiciones? —preguntó uno de ellos.

La mujer se inclinó hacia mí con la sombra de una sonrisa en los labios, y yo sonreí para intentar indicarle que comprendía lo que decía. Pero mis dos únicos gestos, que fueron inclinar convulsivamente la cabeza hacia abajo y a la derecha y sonreír, se interpretan como las reacciones reflejas de una mente subdesarrollada, el tipo de respuestas que puede ofrecer un niño de seis meses, de modo que ella no les prestó atención.

La terapeuta me observó y dejó escapar un suspiro mientras su sonrisa se desvanecía. Me pregunté si sabría que el aliento le olía amargo porque se había tomado un café hacía poco.

—¿Te puedes imaginar algo más ridículo? —le dijo a una amiga cuando Virna se hubo ido—. No hay manera de que éstos puedan comunicarse.

Las dos mujeres pasearon la vista por la sala.

—¿Quizá Gertje?

Contemplaron a un niño pequeño que jugaba allí cerca con un cochecito de juguete.

Las mujeres guardaron silencio un momento, antes de que su vista descansara sobre mi persona. No dijeron una palabra mientras me observaban allí sentado en mi silla de ruedas. No hacía falta. Sé que me consideran uno de los pacientes menos activos en un lugar donde el único requisito para entrar es tener un CI de 30 o inferior.

A pesar de todas estas dudas, Virna se mostró inflexible. En su interior se había encendido una hoguera de convicción. Después de decir a los demás una y otra vez que pensaba que yo entendía lo que me decían, había hablado con mis padres, quienes aceptaron someterme a una prueba. Mañana me llevarán a un lugar donde puede ser que, por fin, alguien me ofrezca la llave de la puerta de mi celda.

—Vas a hacerlo lo mejor que puedas, ¿verdad? —me dice Virna mientras me mira.

Percibo que está inquieta. Las dudas cruzan su rostro como las sombras de las nubes que se desplazan por el horizonte en un día soleado. Le devuelvo la mirada, deseando que fuera posible decirle que emplearé hasta la última fibra de mi ser para aprovechar al máximo una oportunidad que nunca pensé que llegaría. Ésta es la primera vez que me van a evaluar de esta manera, y haré todo lo que pueda para transmitir algún pequeño indicio de que soy digno de esa atención.

—Por favor, haz todo lo que puedas, Martin —dice Virna—. Es muy importante que les demuestres lo que puedes hacer, porque sé que eres capaz.

La miro. En las comisuras de sus ojos brillan las lágrimas. Su fe en mí es tan grande que debo recompensarla.

6

El despertar

Delante de mí se abren dos puertas de cristal produciendo un siseo. Nunca he visto unas puertas como éstas. El mundo ha vuelto a sorprenderme. A veces lo veo cuando pasa al otro lado de la ventana de un coche en el que voy sentado, pero aparte de eso me mantengo aislado de él. Los breves atisbos que tengo del mundo siempre me intrigan. Una vez me pasé varios días pensando en el teléfono móvil de un médico después de verlo sujeto a su cinturón: era mucho más pequeño que el de papá, de modo que no pude evitar preguntarme qué tipo de batería utilizaba. ¡Hay tantas cosas que me gustaría comprender!

Mi padre empuja mi silla de ruedas cuando entramos en el Centro para la Comunicación Aumentativa y Alternativa de la Universidad de Pretoria. Es julio de 2001, trece años y medio después de que cayera enfermo. En el soleado exterior veo a estudiantes que se pasean entre los árboles de jacarandá, pero dentro del edificio todo está tranquilo. El suelo del pasillo por el que avanzamos es de baldosas de color verde mar; las paredes están cubiertas con pósteres informativos. Somos un pequeño grupo de exploradores que se adentran en ese mundo desconocido: mis padres, mi hermano David y Virna, además de Marietta y Elize, una cuidadora y una fisioterapeuta que me conocen desde hace años.

—¿Señor y señora Pistorius? —pregunta una voz, y al levantar la vista veo a una mujer—. Me llamo Shakila, y seré la encargada de evaluar a Martin. Estamos preparando la sala, pero no tardaremos mucho.

Siento que me recorre una oleada gélida de miedo. No logro mirar los rostros que me rodean; no quiero percibir la duda o la esperanza en sus ojos mientras aguardamos en silencio. Pronto nos hacen pasar a una pequeña habitación en la que espera Shakila con otra mujer llamada Yasmin. Cuando empiezan a hablar con mis padres, agacho la cabeza. Me duele el interior de un carrillo. Hoy, mientras desayunaba, me mordí accidentalmente, y aunque ya ha dejado de sangrar, la zona está sensible.

Cuando Shakila pregunta a mis padres acerca de mi historial médico, especulo sobre lo qué deben estar pensando ellos después de tanto tiempo. ¿Están tan asustados como yo?

—¿Martin? —oigo que dice una voz, y luego empujan mi silla de ruedas hasta el otro extremo del cuarto.

Nos detenemos delante de una gran lámina de plexiglás suspendida de un marco metálico justo delante de mí. La lámina está cubierta de líneas rojas que se entrecruzan, dividiéndola en casillas en algunas de las cuales hay imágenes pequeñas en blanco y negro. Estos dibujos esquemáticos muestran cosas sencillas, como una pelota, un grifo abierto, un perro, y Shakila está al otro lado de la pantalla, observándome atentamente mientras las contemplo.

—Quiero que mires la imagen de la pelota, Martin —me dice Shakila.

Levanto un poco la cabeza y dejo que mis ojos recorran la pantalla. No puedo controlar lo bastante la cabeza como para moverla de un lado a otro, de modo que mis ojos son la única parte de mi cuerpo sobre la que tengo el control absoluto. Se mueven de un lado para otro recorriendo las imágenes hasta que encuentro la pelota. Clavo la vista en ella, inmóvil.

—Bien, Martin, eso está muy bien —dice suavemente Shakila mientras me mira.

De repente tengo miedo. ¿Estaré mirando la imagen correcta? ¿De verdad tengo la vista fija en la pelota, o estoy observando otro de los dibujos? Ni siquiera de eso puedo estar seguro.

—Ahora quiero que mires el perro —dice Shakila, y empiezo a buscar de nuevo.

Mi vista se pasea lentamente por las imágenes, porque no quiero cometer un error o perderme algo. Busco pausadamente hasta que encuentro el perro dibujado a la izquierda del panel, y clavo la vista en él.

—Y ahora la televisión —dice ella.

Pronto localizo la imagen del televisor. Pero, aunque quiero mantener la vista fija en ella para indicar a Shakila que he encontrado lo que me pedía, mi barbilla se inclina hacia el pecho. Intento que no me entre el pánico mientras me pregunto si estaré haciendo mal la prueba.

—¿Probamos algo diferente? —pregunta Shakila, y alguien empuja mi silla de ruedas hacia una mesa cubierta de tarjetas.

Cada una de ellas contiene una palabra y una imagen. ¡Pánico! No sé leer palabras. No sé lo que dicen. Si no puedo leerlas, ¿suspenderé la prueba? Y si no la paso, ¿volveré al centro de día y me quedaré allí para siempre? El corazón empieza a golpearme con fuerza el pecho.

—Por favor, Martin, ¿puedes señalar la palabra «mamá»? —me pregunta Yasmin, la otra logopeda.

No sé qué pinta tiene la palabra «mamá», pero aun así contemplo mi mano derecha, ordenándole que se mueva, que haga alguna pequeña señal de que entiendo lo que me preguntan. Mi mano tiembla agitadamente mientras intento despegarla de mi regazo. En la habitación reina un silencio sepulcral mientras mi brazo se levanta poco a poco en el aire antes de moverse descontroladamente de un lado para otro. Odio a mi brazo.

—Probemos otra vez, ¿vale? —dice Shakila.

Mis progresos son angustiosamente lentos mientras me piden que identifique símbolos señalándolos. Siento vergüenza de mi cuerpo inútil, y me enfurece que no pueda hacerlo mejor la primera vez que alguien le pide algo.

Pronto Shakila se dirige a un gran armario y saca un pequeño dial rectangular. Éste tiene más símbolos, y en el centro un gran puntero rojo. Lo coloca sobre la mesa que tengo delante y luego conecta algunos cables que salen de una placa amarilla sujeta al final de un soporte flexible.

—Esto es un dial y un interruptor de cabeza —explica Yasmin—. Puedes usar el interruptor amarillo para controlar el puntero de la pantalla mientras se mueve, y detenerlo para identificar el símbolo que quieras. ¿Lo entiendes, Martin? ¿Ves los símbolos en el dial? Cuando te pidamos que identifiques uno, queremos que aprietes la cabeza contra el interruptor cuando el puntero esté sobre el dibujo. ¿Crees que puedes hacerlo?

Miro los dibujos: uno es de un grifo del que sale agua, otro una bandeja de galletas, un tercero una taza de té. En total hay ocho dibujos.

—Quiero que detengas el puntero cuando llegue al grifo, por favor —dice Yasmin.

El puntero rojo comienza a moverse por el dial. Va tan lentamente que me pregunto si llegará algún día a la imagen del grifo. Se va arrastrando lentamente por el dial y yo lo observo hasta que está cerca del grifo. Empujo el interruptor con la cabeza. El puntero se detiene en el lugar correcto del dial.

—Estupendo, Martin —me dice una voz.

Estoy perplejo. Nunca antes he podido controlar nada. Nunca he conseguido que un objeto hiciera lo que yo quería. He fantaseado con hacerlo muchas veces, pero jamás he levantado un tenedor hacia mis labios, he bebido de un vaso o he cambiado los canales del televisor. No puedo atarme los cordones de los zapatos, chutar un balón o montar en bici. Conseguir que el puntero se detenga sobre el dibujo hace que me sienta un triunfador.

Durante la hora siguiente, Yasmin y Shakila me facilitan distintos interruptores que puedo usar para descubrir si hay alguna parte de mi cuerpo que pueda controlar lo bastante bien como para utilizarlos correctamente. Colocan mi cabeza, mi rodilla y mis miembros rebeldes lo bastante cerca de interruptores como para que pueda intentar accionarlos. Primero hay una caja negra rectangular con un interruptor blanco alargado que está a un lado de la mesa que tengo delante. Levanto el brazo derecho antes de dejarlo caer, con la esperanza de entrar en contacto con el interruptor y sabiendo que si acierto será por suerte, no por voluntad. Luego hay un enorme interruptor amarillo, tan grande y redondo como un plato de postre, alrededor del cual revolotea mi mano derecha rebelde, porque la izquierda es prácticamente inútil. Una y otra vez Yasmin y Shakila me piden que use los interruptores para identificar dibujos sencillos como un cuchillo, una bañera, un bocadillo; son imágenes sencillas, que pueden identificar incluso personas que tienen el mínimo grado de inteligencia. A veces intento usar la mano derecha, pero la mayor parte del tiempo me quedo mirando fijamente el símbolo que me piden que señale.

Después de lo que me parece una eternidad, al final Shakila se vuelve hacia mí. Estoy mirando fijamente un símbolo que es como una línea zigzagueante amarilla.

—¿Te gusta McDonald's? —pregunta.

No sé de qué me habla. No puedo girar la cabeza o sonreír para decir que sí o que no porque no entiendo la pregunta.

—¿Te gustan las hamburguesas?

Sonrío a Shakira para indicarle que sí me gustan, y ella se levanta. Volviendo al armario grande, saca una caja negra. La parte superior está dividida en cuadraditos por un marco de plástico, y dentro de cada casilla veo un símbolo.

—Éste es un aparato de comunicación llamado Macaw —me explica Shakila con voz suave—. Si aprendes a usar los interruptores, quizás algún día puedas usar uno de éstos.

Me quedo mirando la caja mientras Shakila la activa, y una diminuta luz roja parpadea lentamente en la esquina de cada casilla, una tras otra. Los símbolos de las casillas no son blancos y negros como los de las tarjetas. Tienen colores brillantes, y al lado llevan palabras impresas. Veo la imagen de una taza de té y el dibujo de un sol. Observo a Shakila para ver qué pasará a continuación, y ella pulsa un interruptor para elegir un símbolo.

—Estoy cansado —dice de repente una voz grabada.

Procede de la caja. Es la voz de una mujer. Me quedo mirando el Macaw. ¿Esta cajita negra me podría poner voz? Apenas me entra en la cabeza que alguien me crea capaz de usar una de estas cosas. ¿Acaso se han dado cuenta de que puedo hacer algo más que señalar una pelota infantil dibujada con trazos gruesos en una tarjeta?

—Estoy segura de que nos entiendes —dice Shakila mientras se sienta delante de mí—. A juzgar por el movimiento de tus ojos veo que logras identificar los símbolos que te pedimos, y que intentas usar la mano para hacer lo mismo. Estoy convencida de que encontraremos la manera de ayudarte a comunicarte, Martin.

Fijo la vista en el suelo, incapaz de hacer por hoy ningún otro movimiento.

—¿No te gustaría poder decirle a alguien que estás cansado o que tienes sed? —me dice en voz baja—. ¿Que quieres ponerte un suéter azul en vez de uno rojo, o que quieres irte a dormir?

No estoy seguro. Nunca antes le he dicho a nadie lo que quería. ¿Sería capaz de tomar decisiones si me dieran la oportunidad? ¿Podría decirle a alguien que quiero dejar que se enfríe mi té, en lugar de bebérmelo a tragos apresurados cuando me ponen la pajita en la boca, porque sé que será la única oportunidad que tendré de beber algo en las próximas horas? Sé que la mayoría de personas toma miles de decisiones cada día sobre qué comer y qué ropa ponerse, adónde ir y a quién ver, pero yo no estoy seguro de poder tomar siquiera una. Es como pedirle a un niño que ha crecido en el desierto que se zambulla en el océano.

7

Mis padres

Aunque la fe que tiene mi padre en mí se ha puesto a prueba hasta casi el punto de ruptura, no creo que haya desaparecido nunca. Sus raíces profundas se echaron muchos años antes, cuando papá conoció a un hombre que se había recuperado de la polio. Había tardado diez años en ponerse bien, pero su experiencia convenció a mi padre de que todo es posible. Cada día papá había demostrado su fe en mí por medio de una serie de actos sencillos: lavarme y darme de comer, vestirme y levantarme, despertarse cada dos horas por las noches para darle la vuelta a mi cuerpo rígido. Papá, que es un gigantón con una barba gris como la de Papá Noel, tiene unas manos que siempre son delicadas.

Tardé tiempo en darme cuenta de que, mientras mi padre se ocupaba de casi todas mis necesidades físicas, mi madre apenas se me acercaba. Cada vez que lo hacía desprendía ira y resentimiento por lo que había sucedido. A medida que pasaba el tiempo me di cuenta de que mi familia se había partido en dos: mi padre y yo en un lado y, en el otro, mi madre, David y Kim; fui consciente de que mi enfermedad había generado una brecha en el corazón de una familia que, instintivamente, yo sabía que en otro tiempo fue tan feliz.

Cuando escuchaba a mis padres discutir, me invadía la culpa. Todo el mundo sufría por mi culpa. Yo era la causa de todos los malos sentimientos cada vez que mis padres volvían una vez más al mismo campo de batalla: mi madre quería ingresarme en una residencia a tiempo completo como los médicos les habían aconsejado; mi padre se negaba. Ella creía que mi estado era permanente, y que necesitaba tantos cuidados especiales que tenerme en casa perjudicaría a David y a Kim. Por otro lado, mi padre seguía conservando la esperanza de que yo mejorase, y creía que si me mandaban a una residencia eso nunca pasaría. Aquél fue el desacuerdo fundamental que resonó todos aquellos años, a veces en forma de gritos, otras de silencios elocuentes.

Durante mucho tiempo no comprendí por qué mi madre tenía una actitud tan distinta a la de mi padre, pero al final reuní suficientes datos como para darme cuenta de que mi enfermedad casi la había destruido, y quería proteger a David y a Kim de un destino parecido. Había perdido a un hijo, y no quería que sus dos hijos sanos supervivientes resultasen perjudicados en ningún sentido.

No siempre fue así. Durante los dos primeros años de mi enfermedad, mi madre buscó con tanta constancia como mi padre una cura para salvar a un hijo que, pensaba ella, se estaba muriendo y que cada día que pasaba se le escapaba un poco más de entre los dedos. No me puedo ni imaginar cómo sufrieron mis padres al ver cómo un hijo sano iba desapareciendo, al rogar a los médicos, al ver cómo me administraban medicaciones y aceptaban que me sometieran a todo tipo de pruebas para detectar de todo, desde tuberculosis cerebral a una batería de trastornos genéticos, sólo para que les dijeran que nada podría ayudarme.

Incluso cuando la medicina tradicional se quedó sin respuestas, mi madre no estuvo dispuesta a tirar la toalla. Durante un año después de que los médicos dijeran a mis padres que no sabían cómo tratarme, cuidó de mí en casa y probó de todo, desde pedir a curanderos místicos que orasen por mí a administrarme regímenes intensivos de vitaminas con la esperanza de ayudarme. Nada resultó.

A mi madre la torturaba la culpa creciente de pensar que no había sido capaz de salvarme. Estaba convencida de que le había fallado a su hijo, y cada vez se sintió más desesperada a medida que sus amigos y familiares se mantenían a distancia, algunos porque les daba miedo aquella enfermedad sin diagnóstico, y otros porque no estaban seguros de cómo consolar a unas personas que se enfrentaban a la peor pesadilla de unos padres. Fueran cuales fueran sus motivos, la gente se mantuvo a distancia mientras mis padres abrazaban a sus dos hijos sanos, sumidos en una silenciosa gratitud, y mi familia cada vez quedó más aislada.

La infelicidad de mi madre pronto llegó a un grado tan incontrolable que una noche, unos dos años después de que me pusiera enfermo, intentó suicidarse. Después de tomarse un puñado de pastillas, se tumbó para morir. Pero, cuando lo hizo, mamá se acordó de lo que una vez le había dicho su madre sobre la muerte repentina de su padre a consecuencia de un ataque cardiaco: no se pudo despedir. Incluso en medio de la niebla de su desespero, mi madre quería decirle una última vez a mi padre cuánto nos amaba a todos, y eso la salvó. Cuando papá se dio cuenta de lo que había hecho ella, la metió en el coche junto a David, Kim y yo, además de uno de los amigos de David que pasaba la noche con nosotros, y fuimos al hospital.

Los médicos le hicieron un lavado de estómago a mamá, pero después de aquella noche al amigo de mi hermano no volvieron a dejarle pasar la noche en casa, y el aislamiento que sentían mis padres empezó a afectar a mis hermanos. También ellos padecieron mientras asistían a mi madre en un centro psiquiátrico. Cuando regresó a casa, los médicos habían decidido que ya no podía contribuir a cuidarme. Según ellos, estaba sumida en el duelo por la pérdida de su hijo, y para evitar problemas ulteriores debería evitar relacionarse conmigo todo lo posible. Ella, enferma, agobiada por la pena y desesperada, tomó ese consejo al pie de la letra y se concentró en cuidar de sus dos hijos sanos y, cuando estuvo lo bastante recuperada, en trabajar a jornada completa. Entretanto, mi padre conservó un empleo exigente y cuidó de mí, en gran medida sin ayuda.

Así transcurrieron muchos años, pero gradualmente la situación ha cambiado, porque mi madre se ha ablandado y ahora participa en mis cuidados. Ahora cuida de mí casi tanto como mi padre, me prepara espaguetis y carne picada con *chutney* de melocotón, que sabe que me gusta, y a veces incluso recuesta mi cabeza en su regazo si estoy tumbado en el sofá. Me alegra saber que ahora ya es capaz de tocarme después de eludirme durante tanto tiempo, igual que me entristece cuando algunas noches, ya tarde, oigo que está escuchando música, porque sé que la invade la tristeza cuando escucha las letras y recuerda el pasado.

También me asalta la tristeza cuando pienso en mi padre, que enterró sus ambiciones, perdió oportunidades de ascender e incluso lo degradaron de rango, para cuidar de mí. Todos los miembros de mi familia (mis padres, mi hermano y mi hermana) han pagado un alto precio por mi enfermedad. Aunque no puedo estar seguro de esto, a veces me pregunto si todas esas esperanzas y sueños perdidos son el motivo por el que un hombre tan inteligente como mi padre ha aprendido a ocultar sus emociones tan profundamente que a veces me planteo si todavía se acuerda de dónde las ha guardado.

8

Cambios

Lo llaman el efecto mariposa: son los tremendos cambios que pueden crear un par de alas sedosas cuando baten casi imperceptiblemente. Creo que en algún lugar de mi vida hay una mariposa que bate sus alas. Para el que lo vea desde fuera, las cosas apenas han cambiado desde que me sometieron a aquella prueba: sigo yendo a mi centro de día todas las mañanas y suspiro agradecido cuando se acaba la tarde y puedo volver a casa para que me den de cenar, me laven y me preparen para ir a dormir. Pero la monotonía es un enemigo conocido, e incluso los cambios más nimios que se producen en ella son perceptibles.

Los diversos miembros del personal a los que veo en mi centro de día, durante las citas con los fisioterapeutas o los médicos del hospital, no parecen demasiado preocupados porque un experto ha dicho que es posible que pronto pueda comunicarme. Teniendo en cuenta algunas de las cosas que he visto, me sorprende que algunos de ellos no estén un poco más preocupados. Pero, sin duda, percibo un cambio en el modo en que mis padres me hablan desde que las logopedas me examinaron. Cuando mamá me pregunta si he comido suficiente, espera un poco más que antes a que mi cabeza se mueva espasmódicamente hacia abajo o a que sonría. Mi padre cada vez habla más conmigo por las noches, mientras me cepilla los dientes. Los cambios son tan pequeños que es posible que mis padres no sean conscientes de ellos, pero por primera vez en muchos años percibo cierta esperanza en el ambiente.

He escuchado suficiente de lo que han dicho ellos como para

saber que, si empiezo a comunicarme, será en el nivel más básico posible. Esto no será como una peli de Hollywood, con un bonito final feliz, ni un viaje a Lourdes, donde los mudos reciben milagrosamente la voz. El informe de las logopedas ha recomendado que mis padres empiecen a comunicarse conmigo de las maneras más sutiles posibles. Parece ser que mi movimiento vertical de la cabeza y mi sonrisa no son tan fiables como yo pensaba, y debo aprender una manera más coherente de decir que sí y que no. Dado que mis manos son demasiado rebeldes como para que pueda señalar con ellas, la mejor manera de que empiece a «hablar» será fijando la vista en símbolos.

Utilizaré símbolos porque no puedo leer ni escribir. Para mí las letras ya no tienen sentido, de modo que a partir de ahora serán las imágenes las que guíen mi vida: tendré que vivirlas y respirarlas mientras aprendo su idioma. Les han dicho a mis padres que me hagan una carpeta que contenga palabras y sus dibujos correspondientes. «Hola» es la imagen de un hombre de palo que mueve la mano; «me gusta» es una ampliación de su cara con una amplia sonrisa, y «gracias» es un dibujo de una cara ovalada con dos manos abiertas situadas debajo de la boca.

Una vez que mamá y papá han creado todas las páginas que le dicen a la gente cómo me llamo y dónde vivo, que quiero que me pongan el jersey o me aparten del sol, las pueden meter en la carpeta. Entonces, la persona con la que hable puede ir pasando lentamente las páginas y yo me quedaré mirando más rato el símbolo que quiero elegir. Si durante las colaciones tengo que decir a mis padres que la comida está demasiado caliente, fría o sosa, puedo clavar la vista en una de las hojas tamaño A4 plastificadas que les han aconsejado que peguen a mi mantel individual.

Por supuesto, nadie tiene idea de cuántas de estas cosas entiendo, porque nunca habían intentado hacer algo así conmigo. Durante mi evaluación les demostré que puedo obedecer órdenes sencillas, pero un niño que apenas gatea también sabe hacerlo. Por eso debo empezar con pequeños pasos, con la esperanza de que las personas que me enseñan pronto se den cuenta de que soy capaz de hacer más.

Costará tiempo, pero al menos habrá una manera de que pueda demostrar a los demás que entiendo cosas que antes ni se habían planteado. Es posible que los bebés coman puré todos los días sin quejarse, pero pronto yo seré capaz de decirle a alguien que me pase la sal. Por primera vez en mi vida podré condimentar mis alimentos.

9

El principio y el fin

El centro de día al que he asistido desde que enfermé se llama Alpha and Omega, el principio y el fin. Pero aquí no hay mucho de ninguna de las dos cosas para mí, porque vivo atrapado en un purgatorio de días insulsos, que se funden el uno con el otro.

El centro ocupa un edificio de una sola planta que tiene dos aulas luminosas y aireadas, una pequeña sala de fisioterapia y un jardín. A veces me llevan en silla de ruedas a tomar el sol, pero normalmente permanezco en el interior, donde me cambian de la posición de sentado a la de tumbado sobre una colchoneta en el suelo. La mayoría de las veces descanso sobre un costado o la espalda, pero de vez en cuando me sitúan boca abajo sobre una gran cuña acolchada, de modo que un terapeuta pueda animarme a intentar levantar la cabeza dándole toquecitos con la palma de la mano. Por lo demás, estoy inmóvil, contemplando unas paredes pintadas de color verde hierbabuena, y escuchando los gorjeos metálicos de la televisión o la radio, que ponen una banda sonora constante a mis días. Me gusta más cuando está puesta la radio, porque intentar ver la tele me exige un esfuerzo que a menudo no puedo permitirme. En lugar de eso, contemplo las baldosas marrones del suelo y escucho los pasos que suenan sobre el linóleo del pasillo que hay fuera.

Aquí dentro emplean el lenguaje propio de las aulas, pero no sé muy bien por qué, dado que nadie cree que ninguno de estos niños se pueda educar. Sea cual sea el motivo, mis compañeros y yo tenemos «profesores» y estamos divididos en dos «clases», que se cambian aleatoriamente de vez en cuando. A veces nos dividen en chicos que pueden caminar y chicos que no; otras veces prefieren dividir a los que no reaccionan. En cierta ocasión incluso nos separaron en función de nuestro CI, aunque en un lugar donde se piensa que todo el mundo tiene un CI de 30 o inferior eso me pareció como hilar muy fino.

Habitualmente, media docena de trabajadores, que nos cuidan todos los días, nos estiran las piernas o nos pintan las manos, que luego presionamos sobre hojas de papel. Un par de chavales son capaces de interactuar un poco, pero la mayoría son como yo, y no pueden controlar lo bastante sus movimientos como para hacer nada. A menudo, mientras permanecía sentado viendo cómo me pringaban la mano con una pintura fría de color rojo que luego arrastraban por una hoja de papel, me he preguntado a quién se supone que benefician estas actividades: ¿a nosotros o a nuestros padres? ¿Nos obligan a participar en una mentira necesaria cuando un miembro del personal hace un dibujo usando nuestras manos? He visto a muchos padres a quienes les han dado un dibujo que, sin duda, saben que su hijo no ha podido hacer, pero mientras lo contemplan ninguno dice ni una sola palabra.

Solamente una vez escuché que una madre preguntaba si realmente su hijo había hecho aquel dibujo, y cuando lo preguntó, el terapeuta le contestó con una sonrisa silenciosa, como si le rogase que no tirara abajo la fachada de falso optimismo que han levantado a nuestro alrededor. Entiendo por qué los padres quieren disponer de un jirón de esperanza a la que aferrarse, por frágil que sea, igual que entiendo por qué esas actividades pueden ser agradables para aquellos niños para quienes el hecho de que les toquen y les hablen es un alivio frente a la monotonía de sus días, pero la verdad es que me gustaría que me dejaran tranquilo.

A menudo estoy intentando escuchar la radio cuando alguien, armado con una sonrisa, viene a interrumpirme. Sé que tiene buena intención, por supuesto, pero soy el mayor del centro y esas actividades van destinadas a niños mucho más pequeños que yo. Nadie parece imaginar que incluso las personas a las que se consideran discapacitados intelectuales pueden cambiar a medida que crecen.

A pesar de todo esto, sé por experiencia que Alpha and Omega es un centro de día mucho mejor que muchos otros. Con el paso de los años he escuchado a gente que hablaba, en susurros que manifestaban su conmoción, sobre lo que han visto en otros lugares. Tienen motivos para estar impresionados. Yo mismo he visto cosas así: cuando mi padre se iba fuera de viaje de negocios, me enviaban a otros centros, porque mi madre no se sentía con fuerzas para cuidar sola de mí, o cuando mi familia se iba de vacaciones porque necesitaban un descanso de la tarea de cuidarme.

Cada vez que me dejaban me aterraba pensar que nunca volverían a llevarme a casa, y mi angustia iba creciendo día tras día a medida que el miedo se adueñaba de mí. El día en que mis padres tenían que venir a buscarme, cada minuto me parecía un año mientras esperaba escuchar las voces familiares de mi madre y mi padre. Mi máximo temor es que me abandonen en uno de esos lugares donde los chicos como yo se pasan todo el día sentados, sin interacción ni estimulación. Ésa sería la peor clase de muerte en vida.

Así que estoy agradecido al personal de este centro, que al menos intenta dar a nuestras vidas un poco más de contenido, porque trabajar en un sitio como éste no es un regalo. Ya he perdido la cuenta de los trabajadores que han pasado por el centro con el correr de los años. Muchos desaparecen casi nada más llegar, y ya he aprendido a detectar la mirada de confusión casi asqueada que se plasma en sus ojos incluso antes de que sean conscientes de lo que sienten. Lo comprendo. A algunas personas les da miedo lo que no logran entender. Las hace sentirse descolocadas ver la expresión traviesa de un niño con síndrome de Down, los miembros retorcidos de quien padece parálisis cerebral o la mirada vacía de un niño con lesiones cerebrales.

Pero a pesar de todas las personas que no soportan cuidar de los niños de este centro, hay algunas para quienes este trabajo es un llamado. La primera entre ellas es Rina, la directora del centro, que tiene un rostro redondo y sonriente y que me enseñó una de mis primeras lecciones sobre las personas que me cuidan.

Hace años, cuando Rina era sólo profesora, se apegó mucho a una niña pequeña llamada Sally, que había nacido con una parálisis cerebral aguda. Rina adoraba a Sally: le daba de comer el puré de calabacín que le encantaba, la acunaba fuertemente entre sus brazos y ponía la música que siempre la hacía sonreír. De hecho, Rina estaba tan apegada a la pequeña que estuvo en el hospital la noche en que Sally murió de neumonía, a los seis años de edad.

Después de eso, una parte de la luz que brillaba en los ojos de Rina se apagó, y ver lo muchísimo que echaba de menos a Sally me enseñó que los niños como yo podemos ser mucho más que un trabajo. Éste ha sido un pensamiento consolador que he llevado conmigo con el paso de los años y todos los encuentros con esas personas que me han tratado como si fuera poco más que un cadáver que hay que manipular, igual que se mete un pollo en la cazuela. Su gélida profesionalidad no se ve alterada por una sombra de calidez humana. Cargando contigo como si fueras un saco de patatas, te lavan bruscamente con agua helada y siempre te meten jabón en los ojos, por mucho que uno los cierre con fuerza, antes de darte de comer sin pensárselo dos veces una comida que está demasiado fría o demasiado caliente. Entretanto, no dicen ni una sola palabra ni sonríen por miedo a encontrarse con que un paciente les devuelva la mirada.

Sin embargo, aún son peores los presuntos terapeutas cuya dureza se vuelve mucho más personal. A mí me han llamado «el obstáculo», «el burro» o «el basurilla» personas que dan por hecho que son superiores a mí, pero que al hacerlo demuestran lo idiotas que son en realidad. ¿Creen que un intelecto limitado significa que un niño no puede detectar la malicia en el contacto con una persona o la ira en el tono de su voz? Recuerdo en concreto la ráfaga de aire frío que solía despertarme cuando una mujer me arrancaba la sábana de un tirón mientras dormía mi siesta vespertina, y a aquel trabajador temporal que me sentó en una silla de tan mala manera que cuando ésta se inclinó hacia delante salí despedido y caí de cabeza al suelo.

Dejando aparte esas experiencias, he llegado a la conclusión de que entre los trabajadores que cuidan de gente como yo hay más personas buenas que malas, porque al mirar atrás veo un torrente de caras sonrientes. Recuerdo a Unna, que siempre parecía estar sudando porque le brillaba la nariz, y a Heila, tan llena de energía que ni siquiera podía mantener la lengua quieta y la usaba para lamerse los labios constantemente. Actualmente, está Marietta, a quien le encanta *Days of Our Lives* y alberga un temperamento fogoso bajo su exte-

51

rior apacible; Helen, que se ríe cuando me hace cosquillas y que tiene las uñas pintadas con una raya color marrón oscuro en el centro, y de la que no logro apartar la vista; y mi favorita, Dora, de mediana edad, regordeta y sonriente, cuya tranquilidad me apacigua y cuya amabilidad hace que sus ojos sean de un tono marrón suave y líquido.

Por muy distintas que sean, lo que todas estas mujeres tienen en común es su afición por charlar y cotillear, intercambiar noticias y simpatizar con los problemas de las demás. He escuchado anécdotas como las de serpientes que se cuelan de noche en casas y mueren a manos de un marido valiente; goteras que han hecho que lloviera dentro de la casa amenazando con hundir los techos, y descripciones de nietos que saltan como locos en la cama cada vez que les ponen determinada canción. También conozco la lucha que supone cuidar de un padre con alzheimer, los problemas de cuidar a familiares enfermos y las dificultades de conseguir que un exmarido pague siempre la pensión.

Sin embargo, independientemente de qué otras cosas comenten, he descubierto que hay tres temas a los que las mujeres vuelven una y otra vez cuando conversan: sus maridos, que suelen ser una decepción; sus hijos, que suelen ser maravillosos, y su peso, que siempre es demasiado. Una y otra vez las oigo compadecerse unas de otras cuando hablan de lo difícil que es hacer que los hombres sean más responsables y las dietas más eficaces. Aunque no entiendo sus problemas con sus maridos, siempre se me atribula el corazón cuando las oigo hablar de contar calorías. Parece que las mujeres creen que hacen dieta para sentirse más felices, pero sé por experiencia que esto no es así. De hecho, puedo decir con seguridad que, cuanto menos come una mujer, más gruñona se vuelve.

10

Día a día

Por fin estoy experimentando lo que es la vida mientras mis padres hablan de cuál será la mejor manera de ayudarme. Ahora lo que ambicionan para mi va mucho más allá de los dibujos de papel, y han decidido comprarme un aparato electrónico para comunicarme, como la caja negra que vimos en la prueba que hice. Es un salto al vacío para cumplir mi sueño que me gustaría poder agradecerles. Aún no tienen ni idea de si seré capaz de utilizar semejante aparato, pero están dispuestos a probar, porque la pequeña brasa de esperanza que apareció tras mi evaluación ha encendido un fuego en su interior.

Juntos estamos descubriendo un mundo nuevo llamado Comunicación Aumentativa y Alternativa, o AAC. Es el lugar en el que los mudos pueden encontrar su voz por medio de muchas cosas, desde los sistemas de comunicación más básicos, como señalar, parpadear o fijar la vista en símbolos que sostiene en la mano otra persona, hasta dispositivos de alta tecnología generadores de habla y programas informáticos que una persona usa sola.

Para poder utilizar un aparato independientemente, debo ser capaz de accionar interruptores, de modo que mi madre me lleva otra vez a ver a Shakila y a una fisioterapeuta llamada Jill. Después de someterme a otra prueba, identifican los dos pulsadores que puedo usar mejor: uno, llamado un interruptor Lolly, es una cajita rectangular sujeta a la palma de mi mano que puedo accionar cerrando los dedos para presionar el botón; el otro es un *joystick* lo bastante largo como para que mi imprecisa mano derecha lo alcance si a veces la agito en la dirección correcta.

Al principio me embargó la emoción cuando mis padres decidieron comprarme un aparato así, pero luego fui presa de la frustración cuando me di cuenta de que la caja negra sólo almacenaba en torno a 250 palabras y frases. No parece gran cosa puesto que las palabras que llevo dentro me parecen infinitas.

Pero entonces, de repente, la moneda sudafricana se devaluó lo que obligó a mis padres a cancelar el pedido cuando prácticamente duplicó su precio. En lugar de eso, decidieron comprarme un ordenador en el que puede introducirse software de comunicación. Es una decisión valiente, porque en Sudáfrica nadie más usa este software. Los logopedas no podrán ayudarnos…, nadie podrá. Aprender algo dependerá totalmente de mí y de mis padres, y ni siquiera saben si podré usar un ordenador.

Por el momento, deben decidir qué software comprarme, y el que elijan podría cambiar absolutamente las cosas para mí. Es una cuestión tan exasperante como emocionante. Mis emociones luchan por obtener un espacio en mi vida, como polluelos en un nido: la emoción al pensar en aprender a comunicarme, culpabilidad porque me alegro de no tener la caja negra y remordimiento al sentirme así, dado que mis padres demostraron tamaña fe en mí al solicitar aquel aparato. Cada sentimiento es diferente: la emoción hace que se me estremezca el estómago, la culpa genera una leve marea de náuseas en lo más hondo de mi ser, y el remordimiento hace que me pese el corazón. ¡Estas emociones son tan distintas a las que he conocido durante tanto tiempo! Sentimientos que silencié y pinté de gris para evitar que me volviese loco mi impotencia frente a todos los días idénticos.

• • •

—Hola, colega —dice mi padre cuando entra en mi cuarto cada día a las seis de la mañana.

Cuando me despierta, papá está siempre vestido. Luego me lava y me pone la ropa antes de llevarme en la silla de ruedas a la cocina, donde me da de comer un bol de leche con cereales. También me sirve una taza de café, que bebo usando una pajita. Cuando la acabo, sé que es hora de que salgamos para ir al centro de día. Papá me deja allí cada mañana de camino a su trabajo, y lo último que hace antes de salir de casa es ponerme en el regazo una bolsa que contiene las ropas limpias, los pañales y los baberos que necesitaré durante el día, más una bolsa isotérmica con mi comida y mis bebidas.

El momento en que se abre la puerta delantera siempre hace que me emocione. Después de todo, uno de los pocos momentos impredecibles de mi día es preguntarme qué tiempo hará. ¿Una brisa revitalizante o un cielo cubierto de nubes? Dado que en esta zona el sol brilla casi siempre, el tiempo no suele suponer una gran sorpresa, pero disfruto esos breves instantes de suspense antes de que mi padre abra la puerta.

Después de que papá me sienta en el coche y pliega mi silla de ruedas y la mete en el maletero, se sienta a mi lado, enciende la radio y conduce sin que hablemos. Media hora más tarde llegamos al centro de día, donde me vuelve a sacar del coche devolviéndome a mi silla de ruedas. Entonces papá pone la bolsa en mi regazo y me empuja hasta la puerta marrón que permite el acceso a Alpha and Omega. Mientras empuja mi silla por el pasillo en dirección a mi aula y la silla se detiene, sé que voy a quedarme allí solo otro día. Normalmente, papá se marcha entre las 07.15 y las 08.10, lo cual significa que tendré que esperar unas once horas para volver a verle.

—Adiós, colega —dice mientras se inclina para darme un beso, y luego escucho cómo sus pasos se desvanecen mientras recorre el pasillo en dirección contraria.

Los días en el centro no empiezan de verdad hasta las 09.30 aproximadamente, de modo que estoy sentado en mi silla hasta entonces, o a veces me sientan en un puf, que prefiero porque sujeta muy bien mi cuerpo. Luego me paso el resto de la mañana sentado o tumbado, y a veces me levantan para hacer algunos estiramientos o alguna actividad. Después de tomar una taza de té a media mañana, en ocasiones me sacan al patio para tomar un poco el aire fresco, y una hora y media después es hora del almuerzo, que cada día consiste en lo mismo: fruta hervida y yogur, seguida de zumo de naranja o de guayaba. Entonces, al mediodía, alguien me pone a dormir junto a los otros chicos y así pierdo tres horas preciosas hasta que me despiertan para tomar la bebida vespertina, y luego me sientan en mi silla para esperar a mi padre.

A menudo esta parte del día me resulta difícil porque, aunque el centro cierra oficialmente a las 17.15, papá no suele llegar hasta entre las 17.20 y las 18.30, porque no puede salir antes del trabajo, y con frecuencia encuentra un embotellamiento típico de la hora punta. A algunos miembros del personal no les gustan esos retrasos, y suelo escuchar sus recriminaciones. Cada vez que lo hacen me molesta, porque sé que mi padre hace todo lo que puede.

—Hola, colega, —dice con una sonrisa cuando al fin entra en mi aula, y yo dejo escapar un suspiro de alivio porque por fin he llegado al final de otro día.

Entonces deposita mi bolsa en mi regazo, empuja mi silla hasta el coche, vuelve a plegarla y a meterla en el maletero y volvemos a casa escuchando la radio. Después de aparcar y entrar, solemos encontrar a mamá cocinando, y luego nos sentamos en torno a la mesa del comedor para cenar antes de que me den una taza de café con leche y me dejen en el sofá del salón, delante de la tele. La mayoría de las noches mi padre se queda dormido en su sillón mientras ve un programa televisivo; luego se despierta, me devuelve a mi silla de ruedas, me lleva al baño para cepillarme los dientes y, después de desvestirme, me acuesta en mi cama.

El único cambio en esta rutina llega los fines de semana, cuando me quedo en casa y me dejan estar más rato en la cama, hasta que me levantan y me llevan al salón, donde me paso el día tumbado o sentado. Pero al menos tengo a mi familia a mi alrededor, y puedo escuchar cómo conversan. Éstos son los días que me dan fuerzas para afrontar otra semana, porque me encanta estar con mis padres y con David; también con Kim, antes de que se trasladase a Gran Bretaña. Por eso siempre me invade la tristeza cuando mi padre me lava el pelo mientras me baña los domingos por la noche y me prepara para iniciar otra semana en el centro de día. Cada dos o tres semanas me corta las uñas, y odio que lo haga.

Ésta es la rutina de mi vida, y lo ha sido desde que tengo memoria. Por lo tanto, ¿es de extrañar que esté pendiente de cada palabra que dicen mis padres mientras debaten qué hacer y empiezo a soñar en un futuro que nunca pensé que tendría?

11

El pobre desgraciado

Fue Virna quien me rescató de mi yo silencioso después de que nos conociésemos hace tres años. A diferencia de esas personas que ahora intentan comunicarse conmigo con símbolos y diales, interruptores y pantallas, ella solamente recurrió a su intuición. Como un detective experto que siguiera las pistas que yo, sin darme cuenta, dejaba a veces, nunca buscó una prueba definitiva. Se contentó con ir reuniendo una serie de pequeños fragmentos para componer un todo.

Tardó su tiempo. Al principio yo no estaba dispuesto a ver que alguien quería comunicarse conmigo. Me daba miedo creer que alguien pudiera hacerlo. Pero cuando me di cuenta de que Virna no pensaba tirar la toalla, poco a poco me fui abriendo y, con el paso de los meses y los años siguientes, nos hicimos amigos.

—¿Cómo estás hoy, Martin? —me preguntaba cuando entraba en la pequeña habitación de Alpha and Omega donde me daba un masaje una vez a la semana.

Tumbado sobre mi espalda, la observaba mientras abría la pequeña bolsa llena de aceites que siempre llevaba consigo. Cuando oía cómo se abría una botella, esperaba a ver qué aroma impregnaría el aire. A veces era limón, otras menta o eucalipto, pero cada vez que la fragancia llegaba a mi nariz me trasladaba de Kansas a Oz.

—Hoy me dedicaré primero a tus piernas, y luego a la espalda —me dice Virna—. Hace un par de semanas que no la cuidamos, y seguro que está dolorida.

Me observa con su mirada inquisitiva. Virna es pequeña y delgada, y tiene una voz adecuada a su físico, y siempre he sabido que es una persona cariñosa. Me di cuenta la primera vez que me habló, y lo he sentido en las puntas de sus dedos, que trabajaron músculos que llevaban mucho tiempo contraídos por la falta de uso.

Cuando miro a Virna, mi corazón bombea con más fuerza. Ahora disponemos de cuarenta y cinco minutos juntos y, de la misma manera que un niño pequeño cuenta las conchas que ha reunido después de un día en la playa, yo los contaré todos. Debo tener cuidado de no apresurar estos momentos. En lugar de ello, aminoraré su ritmo de modo que luego pueda revivirlos, porque son los que me sostienen ahora mismo. Ella es la única que me ve. Lo más importante es que cree en mí. Entiende mi idioma, las sonrisas, miradas y asentimientos que son todo lo que tengo a mi disposición.

—¿Tu familia está bien? —pregunta Virna mientras me hace el masaje.

Tumbado de espaldas, mis ojos la siguen. Mantengo el rostro inexpresivo para que entienda que alguien está enfermo.

—¿Está enfermo tu padre?

No reacciono.

—¿Tu madre?

Sin respuesta.

—¿Es David?

Ofrezco a Virna una media sonrisa para indicarle que ha acertado.

—Así que David se encuentra mal —dice—. ¿Qué le pasa? ¿Tiene un resfriado?

Inclino la cabeza.

—¿Anginas?

Vuelvo a contraer mi débil cuello, pero Virna no necesita más para entenderme. Va desplazando la mano por la oreja, la nariz y la garganta, y al final llega al pecho, que es cuando le vuelvo a sonreír a medias.

—¿Tiene problemas respiratorios?

Frunzo el ceño para hacerle saber que casi ha acertado.

—¿No será neumonía? —pregunta.

Resoplo con fuerza por la nariz.

—¿Y qué otra cosa puede ser?

Nos miramos fijamente.

—¿Bronquitis? —dice Virna al final.

Me inunda la felicidad mientras sonrío. Soy Muhammad Alí, John McEnroe, Fred Trueman. La multitud me aclama con aprobación mientras doy una vuelta de honor por el estadio. Virna me devuelve la sonrisa. Me ha entendido. Recordaré este momento una y otra vez hasta que volvamos a vernos, porque estos instantes y otros parecidos son los que perforan esa capa de invisibilidad en la que estoy envuelto.

Virna incluso ha inducido a otros a que me hablen más, sobre todo a mi hermana Kim. Yo siempre he sabido que cuidaba de mí, dándome la salsa que había rebañado de su plato porque sabía que me gustaba, trayéndome a *Pookie* para sentarlo en mi regazo o acercando mi silla de ruedas mientras veía la tele. Pero después de que Kim se diera cuenta de que yo respondía a Virna, empezó a hablarme más, contándome su vida como lo haría cualquier hermana a su hermano mayor. Quería ser trabajadora social y me hablaba de sus estudios en la universidad, o sobre los amigos que la hacían feliz y aquellos otros que no. Por supuesto, Kim no lo sabía, pero yo entendía todas y cada una de sus palabras, y en el momento en que la vi acudir a recoger el título me pareció que me iba a estallar el corazón de alegría. Aparte de Virna, era la única persona que podía interpretar lo que en ocasiones intentaba decir yo, adivinando lo que me gustaba y lo que no mejor que la mayoría de personas.

Por eso he echado tanto de menos a Kim desde que se fue a vivir a Inglaterra hace un año, pero al menos cuento con Virna. En una vida en la que la gente habla sin cesar de mis necesidades físicas (¿tengo frío o calor, estoy cansado o hambriento?), ella me ve más bien como un recipiente vacío. Y ahora que ya no tengo a Kim para que me abrace, Virna es la única persona que no me toca de forma mecánica. Otros me lavan y me limpian, me visten y me adecentan, pero siempre es como un medio para un fin. Sólo ella me toca con el único motivo de aliviar mi cuerpo dolorido; me consuela y me sana, haciéndome sentir distinto a esa repulsiva criatura que sé que soy.

Entiendo que las personas no me tocan con afecto porque les da miedo. La verdad sea dicha, yo también me doy un poco de miedo. Cuando me veo en el espejo enseguida aparto la vista, porque quien me devuelve la mirada es un hombre de ojos vidriosos, que lleva un babero y unos brazos encogidos sobre su pecho como un perro que suplica un hueso. Apenas reconozco a ese desconocido, de modo que entiendo que a otras personas les cueste aceptarlo. Hace años fui a una reunión familiar donde escuché a una de mis parientes que hablaba de mí mientras yo estaba aparcado en un rincón.

—Fíjate en él —dijo con tristeza—. ¡Pobrecito! ¿Qué tipo de vida es ésa?

Sentí una oleada de vergüenza cuando la mujer apartó la vista. No soportaba mirarme, y yo supe que le estaba arruinando cualquier placer que hubiera podido proporcionarle la fiesta. No era de extrañar. Al ver a un pobre desgraciado como yo, ¿quién se lo iba a pasar bien?

12

Vida y muerte

Estoy preparado para hundir los primeros crampones en la pared de roca de la comunicación. Han llegado los pulsadores que utilizaré para manejar el ordenador, y he empezado a practicar con ellos, sabiendo que son mucho más que tuercas y tornillos, discos de plástico o placas de componentes eléctricos. Hablar, charlar, discutir, bromear, cotillear, conversar, negociar, decir trivialidades: gracias a los pulsadores, estas cosas ya están a mi alcance. Alabar, preguntar, agradecer, solicitar, felicitar, pedir, quejarme y debatir: también tales cosas las puedo tocar casi con los dedos.

Primero hemos de decidir qué programa informático comprar, de modo que mis padres piden a Europa y a Estados Unidos algunos cedés demostrativos. Las semanas se convierten en meses mientras mi madre se pasa horas cada día buscando en páginas web, que se cargan lentamente en Internet, mientras mi padre dedica sus tardes a leer información que ha impreso durante su jornada laboral.

Mientras les observo y escucho, empiezo a entender qué será lo que me ayude a expresarme mejor. Como un artista que mezcla las pinturas para obtener la consistencia idónea para su lienzo, debo elegir el software correcto. Ahora, casi seis meses después de que me evaluasen, mis padres me urgen a que les diga lo que quiero. Me lo piden porque han visto que ya no dejo colgar la cabeza como un perro apaleado ahora que hay algo interesante que mirar. Mis padres desprenden esperanza, como el vapor que sale de un baño caliente, a medida que detectan pequeños indicios de lo que quizá soy capaz de hacer.

No puedo dejar de pensar en cómo me cambiará la vida una vez que decidamos, por fin, qué programa comprar. Pensar en que pronto podría escuchar mi «voz» decir «Tengo hambre» todas las veces que quiera me deja anonadado. Darme cuenta de que podría preguntar «¿Qué ponen hoy en la tele?» me sorprende. Estas palabras sencillas son mis everests particulares, y pensar que quizá pronto los conquiste me resulta una idea casi inimaginable.

Descubro que una y otra vez mi vista vuelve a una serie de símbolos que contemplo con asombro. «¿Quién?» está representado por un rostro sin expresión con un interrogante encima, y «¿qué?» es un cuadrado que lleva un interrogante dentro. Éstos son los componentes de las preguntas que nunca he podido formular. «Quiero» está representado por dos manos que se extienden hacia un cuadrado rojo, mientras dos gruesas líneas negras y paralelas quieren decir «yo soy». Éste es el símbolo en el que quizá me detengo más veces, porque no estoy nada seguro de qué decir después de esas dos palabritas. Yo soy… ¿qué? ¿Quién? No lo sé. Nunca he tenido la oportunidad de descubrirlo.

Antes de responder a estas preguntas, debo dominar la estructura básica de cualquier frase: las palabras sueltas y sus símbolos. Zumo, té, azúcar, leche, hola, adiós, yo, tú, nosotros, ellos, no, sí, pollo, patatas, carne, y pelo, boca, pan: sólo después de haber aprendido estas palabras puedo empezar a juntarlas para formar frases.

«Me gustaría un zumo de naranja.»

«No, gracias.»

«Tengo hambre.»

«Quisiera irme a la cama.»

«Tengo frío.»

«Quiero rábanos con tostadas y mermelada.»

Sin embargo, primero debo indicar a mis padres qué programa informático quiero, asintiendo con la cabeza cuando lean su nombre, pero me resulta imposible decidirme. Me lo han preguntado una y otra vez, pero no logro escoger uno solo, y llevamos varias semanas atascados en la calma chicha de la indecisión.

Hace unos pocos días mi padre me dijo:

—En ocasiones hay que seguir adelante y punto. Debes tomar

una decisión y luego defenderla. Sólo queremos que nos digas qué software prefieres que te compremos. Estamos muy seguros de que sabes cuál es el que quieres, Martin.

Se me queda mirando mientras yo le contemplo en silencio.

—Esto es sólo el principio —dice papá con voz suave—. No es cuestión de vida o muerte.

Pero a mí sí me lo parece.

En mi vida he tomado decisiones, y ahora debo tomar la más difícil de todas. ¿Cómo puede uno elegir el puente que utilizará para cruzar de un mundo a otro? Este software no es sólo un instrumento: será mi voz. ¿Y si me equivoco? ¿Y si elijo algo que me limite demasiado o me cueste mucho manejar? Si cometo un error, es posible que no vuelva a tener esta oportunidad.

—Si no acertamos a la primera siempre podemos comprar luego otra cosa —me dice mi madre.

Pero sus palabras no aplacan mis temores. Incluso mientras una parte de mi ser se pregunta hasta dónde llegará la fe de mis padres (si no logro usar el software, ¿abandonarán el sueño alocado que los escépticos que nos rodean piensan que nunca se hará realidad?), me descubro preguntándome qué pasará si todo va bien y mi mundo empieza a abrir las puertas. Es posible que ahora mis padres crean que soy capaz de más de lo que nunca nadie pensó, dado que han visto cómo mi mano derecha se vuelve un poco más firme con los pulsadores y cómo he aumentado mi ritmo a la hora de elegir símbolos, pero aún no lo entienden del todo. ¿Qué nos pasará si el mundo que hemos conocido durante tanto tiempo cambia hasta el punto de que se sale de su eje? Estoy tan acostumbrado a una jaula que no sé si podré ver el horizonte abierto incluso cuando lo mire de frente.

A medida que me embargan las dudas y la ansiedad, me obligo a pensar en una llamada telefónica que hicieron mis padres y David a Kim hace unas semanas, durante Navidad. Mientras charlaban, yo estaba sentado, nervioso, delante del ordenador, y las manos me temblaban incluso más de lo habitual. Yo me esforzaba en clicar lentamente los símbolos. Entonces mi padre sostuvo el teléfono cerca de los altavoces del ordenador y yo presioné el interruptor una última vez.

—Hola, Kim —dijo mi voz informatizada y desencarnada—. Feliz Navidad.

Se produjo un instante de silencio hasta que mi hermana dijo algo, pero entonces percibí la alegría en su voz a casi diez mil kilómetros de distancia. Y en aquel momento me di cuenta de que el chico invisible empezaba a regresar a la vida.

13

Mi madre

Mi madre me observa y en su rostro se refleja la frustración. Conozco bien esta mirada. A veces sus rasgos se inmovilizan hasta el punto de que su rostro casi se congela. Trabajamos juntos con el ordenador mientras intentamos añadir palabras a mi vocabulario, que va en aumento. Es agosto de 2002. Ha pasado un año desde que me evaluaron, y llevamos unos seis meses intentando aprender cómo se usa mi sistema de comunicación. Kim trajo consigo el software cuando vino de visita desde el Reino Unido, después de que yo, por fin, decidiera qué programa quería, y ahora incluso tengo mi propio portátil, porque mamá me llevó a comprar uno.

—Éstos son demasiado antiguos —dijo decididamente mientras contemplaba los ordenadores alineados como lápidas en la estantería de la tienda—. Quiero el más moderno que tengan, el más puntero, por favor. Debe ser rápido y potente. Mi hijo no debe tener ningún problema al manejarlo.

Una vez más, la vi negociar en mi nombre, como la había visto hacerlo tantas veces con el paso de los años. Con ese tono firme pero educado, he visto a mi madre insistir a médicos que dijeron que yo estaba bien para que me examinaran de nuevo, y discutir con otros facultativos que querían colocarme al final de la cola. Ahora se aseguró de que me llevase el mejor ordenador del que dispusiera la tienda.

Al principio apenas me había atrevido a tocar el ordenador, y simplemente me quedaba mirándolo cuando papá, mamá o David lo conectaban. Escuchando asombrado la música que sonaba como por arte de magia cuando se activaba la pantalla negra, me preguntaba cómo iba a arreglármelas para controlar aquel aparato extraño cuando ni siquiera entendía el teclado. Es posible que las letras sean otro tipo de símbolo más, pero a diferencia de las imágenes que había invertido tanto tiempo en aprender durante los últimos meses, no sé leerlas.

De igual modo que tú eliges cuidadosamente las palabras que pronuncias, yo debo elegir lo que quiero que diga mi «voz» informatizada, escogiendo las palabras de tablas, o páginas, de vocabulario. Mi software venía muy poco preprogramado, de modo que mi madre y yo debemos introducir en mi léxico las palabras que quiero, junto con su símbolo correspondiente. Entonces podré usar mis pulsadores para desplazar las palabras y elegir en pantalla lo que quiero que diga el ordenador.

Hoy mi madre y yo trabajamos con palabras relacionadas con los colores, porque, igual que hacía cuando yo era pequeño, ella me ayuda a aprender un idioma nuevo. Mamá incluso ha renunciado a su empleo como técnica de radiología para enseñarme intensivamente, y ahora pasamos varias horas al día trabajando juntos después de que me recoge del centro, más o menos sobre las dos de la tarde. Tras volver a casa, nos pasamos unas cuatro horas elaborando parrillas de palabras, y luego se va para que yo pueda practicar solo.

Sé que la velocidad a la que aprendo la ha sorprendido. Al principio tuvo que enseñarse a sí misma cómo usar el software, antes de poder enseñarme a mí. Pero a medida que ha pasado el tiempo, ha comprobado que puedo concluir todas las tareas que me manda, y confía en que pueda hacer más. De modo que, en lugar de sentarse a leer el manual del ordenador en silencio, ahora mamá me lo lee y yo guardo en la memoria todo lo que me dice, mientras aprendemos juntos. Cada vez más parece que yo entiendo las instrucciones mejor que ella, y hay momentos en los que tengo que esperar a que se dé cuenta de lo que ha hecho mal. Pero no hay nada que pueda hacer para decírselo, porque, a pesar de todos mis progresos, sigo comunicándome usando solamente las palabras y expresiones más básicas.

Ahora miro a mamá mientras ella clava la vista en mi cara antes de volver a la pantalla. Hasta ahora hemos añadido a la parrilla los colores del arco iris (rojo, amarillo, rosa, verde, púrpura y naranja), así como las otras opciones más evidentes, como azul, marrón y negro. Pero ahora que nos adentramos en los extremos más lejanos del espectro cromático, la cosa se complica.

—¿Color cereza? —pregunta mamá.

No muevo un músculo.

—¿Esmeralda?

Yo sé exactamente qué palabra quiero. Cada vez que montamos una parrilla como ésta solemos quedarnos atascados de esta manera.

—¿Magenta?

No reacciono.

—¿Azul marino?

Por un instante me domina la frustración. Se agarra a mi nuca mientras deseo que mi madre adivine la palabra que quiero porque, si no es así, nunca podré usarla. Dependo totalmente de ella para que me sugiera todas las palabras que quiero añadir a mi nuevo vocabulario.

A veces hay maneras de indicarle la palabra en la que estoy pensando, y antes usaba un interruptor para clicar sobre el símbolo que representa una oreja y otro que lleva la imagen de una carroza.

—¿Suena como carroza? —preguntó mamá—. ¿Rosa?

Sonreí, y la palabra quedó incorporada a mi léxico. Ahora hay otro tono que quiero añadir, el turquesa. Mientras mamá avanza por el espectro, me pregunto cómo describiré el color de un cielo de verano si a ella no se le ocurre este adjetivo.

Aunque para mí es frustrante, a veces me pregunto si el deseo que siente mi madre de encontrar las palabras que quiero es incluso más intenso que el mío propio. Ella se vuelca en este proceso tanto como yo, y parece que nunca se canse de estar sentada a mi lado delante del ordenador hora tras hora, día tras día. Cuando no trabajamos juntos, mi madre lleva siempre trocitos de papel donde apunta palabras mientras piensa en la siguiente parrilla que elaboraremos, y en las palabras que quizás a mí me gustaría añadir a ella. Porque, cuanto más trabajamos, más cuenta se da ella de lo amplio que es mi vocabulario, y percibo el asombro en su mirada cuando se apercibe de lo mucho que sé.

Creo que está empezando a darse cuenta hasta qué punto me han subestimado todos siempre, pero no tengo ni idea de cómo la hace sentirse eso. Sospecho que debe horrorizarle pensar que durante años he sido plenamente consciente, pero no hablamos de ello y no creo que lo hagamos jamás. ¿Considera que mi rehabilitación es una penitencia por pecados cometidos en el pasado? No estoy seguro, pero por la forma apresurada con que me trata y por su dedicación a mi persona me pregunto si estará luchando por apartar de su mente los recuerdos de aquellos años oscuros, los primeros de mi enfermedad, y las infinitas discusiones cuando David, Kim y *Pookie* desaparecían y a mí me dejaban sentado en un rincón.

—¡Míranos! —le gritaba mi madre a mi padre—. ¡Somos un desastre! Martin necesita cuidados especiales que no podemos darle, y no entiendo por qué no permites que se los den otros.

—¡Porque necesita estar aquí con nosotros! —rugía mi padre—. ¡No con desconocidos!

—Pero piensa en David y en Kim. ¿Qué pasa con ellos? David de pequeño era un niño muy extrovertido, pero ahora cada vez se vuelve más retraído. Y sé que Kim parece valiente, pero necesita más de tu atención de la que le prestas. Quiere pasar tiempo con su padre, pero tú estás siempre muy ocupado con Martin. Entre él y tu trabajo nunca tienes ocasión de estar con el resto de nosotros.

—Bueno, pues así es como tiene que ser, porque soy el único que cuida de Martin, ¿no? Lo siento, Joan, pero somos una familia y él es parte de ella. No podemos quitárnoslo de encima. Hemos de permanecer juntos.

—¿Por qué, Rodney? ¿Por quién quieres que siga aquí? ¿Por ti mismo, por Martin o por nosotros? ¿Por qué no aceptas sencillamente que no podemos cuidar de él? Estaría mejor en algún otro lugar, donde lo cuidaran como Dios manda personas que son expertas. Le visitaríamos, y Kim y David serían mucho más felices.

—Pero yo quiero que esté aquí. No puedo dejar que se lo lleven.

—¿Y qué pasa conmigo, con Kim y con David? Esto no nos hace ningún bien. ¡Es demasiado!

Y la discusión seguía y seguía, escapando al control de todos mientras cada uno de ellos se esforzaba por ganar la guerra, y allí estaba yo, escuchándolo todo y sabiendo que yo era la causa, anhelando estar en algún otro lugar, seguro y oscuro, donde no tuviera que volver a escuchar esas discusiones.

A veces, después de una pelea especialmente virulenta, mamá salía corriendo del cuarto, pero una noche papá me metió en el coche y nos marchamos. Mientras me preguntaba si volveríamos algún día a casa, me sentí muy culpable por lo que le había hecho a mi familia. Tenía la culpa de lo que les estaba pasando. Si hubiera muerto, a todos les habría ido mejor. Al final volvimos a casa, por supuesto, y a nuestro alrededor se instaló el silencio pétreo y habitual posterior a una discusión.

Pero hubo una pelea que jamás olvidaré, porque después de que papá hubiera salido corriendo, mamá se quedó tirada en el suelo, llorando. Se estrujaba las manos, gimiendo, y yo sentía el dolor crudo que la invadía: ¡parecía tan sola, tan confusa y desesperada! Me hubiera gustado calmarla, levantarme de mi silla de ruedas y dejar atrás este caparazón de cuerpo mío, que le había causado tantos sufrimientos.

Mamá levantó la vista hacia mí. Tenía los ojos arrasados en lágrimas.

—Tienes que morir —dijo lentamente mientras me miraba—. Tienes que morir.

Cuando dijo esas palabras, me pareció que el resto del mundo estaba lejísimo, y la observé con la mirada vacía mientras se levantaba y me dejaba a solas en el cuarto vacío. Aquel día quise hacer lo que ella me pedía. Deseé abandonar esta vida, porque escuchar aquellas palabras fue más de lo que pude soportar.

A medida que pasaba el tiempo, poco a poco aprendí a comprender la desesperación de mi madre, porque cuando estaba sentado en el centro de día y escuchaba hablar a otros padres, descubrí que muchos de ellos se sentían tan atormentados como mi madre. Gradualmente entendí por qué a mi madre le costaba tanto vivir con una parodia cruel de lo que en otro tiempo fue un hijo sano al que tanto quiso. Cada vez que me miraba sólo veía al chico invisible que mi verdadero yo había dejado atrás.

Mi madre no era ni mucho menos la única que tenía esos sentimientos oscuros y desesperados. Un par de años después de lo que me dijo aquella noche, empezó a asistir al centro de día un bebé llamado Mark, y su capacidad de aprendizaje estaba tan perjudicada que tenían que alimentarlo con un tubo, no emitía un solo sonido y nadie esperaba que viviera mucho tiempo. Nunca le vi, porque estaba metido en la cuna todo el día, pero sí le oí. También conocía la voz de su madre, porque, aunque normalmente yo estaba tumbado en el suelo cuando ella llegaba con Mark, me familiaricé con su voz. Así es como escuché una conversación que mantuvo con Rina una mañana.

—Hay un instante cada mañana, cuando me despierto, en el que no recuerdo nada —dijo la madre de Mark—. Me siento ligera por dentro, libre. Entonces la realidad me cae encima y pienso en Mark, otro día, otra semana, y me pregunto si sufre y cuánto tiempo le queda de vida.

»Pero no salgo de la cama y voy a verle enseguida. No. Me quedo allí tumbada, viendo cómo entra la luz por la ventana, las cortinas movidas por la brisa, y cada mañana he de reunir el coraje necesario para acercarme a mirar a mi propio hijo en su cunita.»

La madre de Mark ya no luchaba contra el destino. Había aceptado la inevitabilidad de la muerte de su hijo, y ahora, cada mañana, esperaba que llegase, sin saber muy bien cómo se sentiría cuando se produjera. Ni ella ni mi madre eran monstruos; sólo tenían miedo. Hace mucho tiempo que aprendí a perdonar a mi madre por sus errores. Pero cuando la miro ahora, con el ceño fruncido por la concentración, mientras piensa intensamente en el color que quiero añadir a la parrilla, me pregunto si ella se ha perdonado. Espero que sí.

14

Otros mundos

Cuando yo necesitaba olvidar, siempre podía estar libre. Por muy desesperado que estuviera, siempre había un lugar donde sabía que podría perderme: mi imaginación. Allí podía ser todo lo que me apeteciera.

Una vez fui un muchacho pirata, y me colaba en silencio en un barco enemigo para recuperar el oro que le habían robado a mi padre. Mientras subía por una escala de gato al barco y me dejaba caer sin hacer ruido en la cubierta de madera, escuché risas. Muy por encima de mi cabeza había un pirata en el puesto del vigía, contemplando el mar con un catalejo; no se podía imaginar que un enemigo abordaba el barco justo debajo de sus narices. En el otro extremo de cubierta vi a un grupo de piratas apiñados. Estaban inclinados sobre un mapa, haciendo circular una botella de ron y riendo mientras decidían qué barco sería el siguiente que abordarían, a quién le robarían el oro esta vez.

Me chupé el dedo y lo levanté para descubrir de qué lado soplaba el viento. Tenía que asegurarme de que los piratas no me oliesen, porque ataban a sus prisioneros a un mástil y los dejaban allí para que las aves les arrancasen los ojos antes de obligarlos a lanzarse al mar. Dejándome caer sobre la cubierta, fui avanzando apoyado en los codos, deslizándome sin hacer ruido, sabiendo que mi alfanje pendía de mi costado por si necesitaba usarlo. Estaba preparado para cortarle el cuello a cualquier pirata que se me acercara demasiado, pero estaban demasiado concentrados en su mapa como para descubrirme. Sin hacer un solo ruido, bajé por las escaleras que llevaban al interior del barco. Tenía que encontrar el camarote del rey de los piratas, porque allí es donde estaría el oro de mi padre.

Llegué a una puerta y la abrí. El rey de los piratas estaba dormido en una butaca, pero me fijé en que era tan alto que si se pusiera de pie su cabeza tocaría el techo del camarote. Tenía una larga barba negra y un parche sobre un ojo, y llevaba un sombrero de capitán. Delante de él había un cofre lleno de joyas y dinero, piedras preciosas y cálices, y me fui acercando sigilosamente mientras contemplaba aquel tesoro. Entonces la vi: la bolsa de cuero marrón que contenía el oro de mi padre. Estaba medio escondida bajo una pila de monedas, y la fui extrayendo con cuidado, poquito a poco, con cuidado de no hacer un solo ruido hasta que la tuviera a salvo en mi mano.

Podría haberme ido con tanto sigilo como cuando llegué, pero no lo hice.

Rodeé la mesa hasta donde estaba sentado el rey pirata. Tenía una nariz grande y roja y una cicatriz le cruzaba la mejilla. Un papagayo, azul, verde y amarillo, estaba posado en una percha para pájaros a su lado. Le di un trozo de pan que llevaba en el bolsillo para que se mantuviera calladito antes de inclinarme hacia delante y arrebatarle el sombrero al pirata mientras me echaba a reír. Abrió su ojo bueno y me vio.

—¡Aaaaaaarrrr! —aulló, y yo todavía me reí con más ganas.

Se puso en pie de un salto y desenvainó la espada, pero fui demasiado rápido para él. Me calé su sombrero, corrí hacia la puerta y la cerré a mis espaldas. Escuché cómo se astillaba la madera cuando el rey pirata daba una patada a la puerta, atravesándola y quedándose atascado. ¡Ja! ¡Ahora ya no podría venir detrás de mí!

—¡Ladrón! —gritó.

Desenvainé mi espada y la sostuve delante de mí. Estaba hecha de una plata tan reluciente que mientras subía corriendo a cubierta el sol destellaba en ella. Los piratas me estaban esperando, pero moví la espada de un lado a otro y el reflejo del sol los cegó. Cayeron de rodillas, gritando mientras se tapaban los ojos, y entretanto yo corrí a la borda mientras uno de los piratas intentaba seguirme. Oí cómo su espada cortaba el aire a mis espaldas, y le sentí muy cerca. Quería atraparme para dar de comer a los pájaros.

Di media vuelta y mi espada impactó contra el metal de la suya. La espada del pirata salió despedida de su mano y se deslizó por la cubierta mientras yo saltaba a las jarcias, sujetando en todo momento el oro de mi padre. Yo era el muchacho pirata: podía correr y nadar, robar y luchar, enfrentarme a mis enemigos y ser más listo que ellos. Sonreí mientras los piratas arremetían contra mí.

—¡Nunca me cogeréis! —grité, mientras saltaba desde las jarcias.

Caí atravesando el vacío; mi cuerpo era una flecha que se sumergió en el agua azul y profunda, que se cerró detrás de mí. Sabía que el mar me pondría a salvo. Encontraría a mi padre y viviría para combatir otro día. Era el muchacho pirata, y no era prisionero de nadie.

Allí es donde acudía para huir de los sentimientos que amenazaban con aplastarme cuando pensaba que permanecería atrapado para siempre. Ahora, algunas veces, desearía poder volver a ese lugar, porque empiezo a experimentar una tortura exquisita hecha de esperanza, frustración, temor y alegría durante mi proceso de reconexión con el mundo. Por supuesto, en lo más hondo sé que ya no necesito perderme en fantasías, porque por fin estoy viviendo de verdad. Pero siempre estaré agradecido a mi imaginación, porque hace tiempo aprendí que era mi mayor don: era la llave que abría la puerta de mi cárcel, permitiéndome escapar, la puerta por la que entraba a nuevos mundos y los conquistaba: los lugares donde era libre.

15

Un huevo frito

Esta mañana siento apretada la cinta que me ciñe la frente mientras trabajo con mi ordenador. En el centro de la cinta hay un puntito negro, que proyecta un haz de infrarrojos sobre la pantalla del ordenador, y que se acciona con un leve giro de cabeza. Que es lo que intento hacer. Presionar con mis débiles manos uno de los pulsadores me permite elegir la palabra que quiero decir. Se supone que este aparato contribuirá a acelerar el proceso de comunicación, pero estoy tardando mucho en aprender a usarlo.

El deseo que siento de dominar mi sistema de comunicación me domina mientras intento controlar los pulsadores y recuerdo en qué celda de las parrillas se encuentran los símbolos que he introducido en mi ordenador. La mayoría de los días sigo acudiendo al centro durante unas cuantas horas, para darle a mi madre un poco de tiempo para sí misma, pero ahora, en lugar de perderme en fantasías, proyecto en mi mente imágenes mentales de las listas de vocabulario, para saber si soy capaz de pasar de una a otra, y de recordar dónde están almacenadas palabras concretas. Cuando llego a casa, trabajo durante seis, siete, ocho horas, a veces elijo palabras sin ton ni son sólo por escucharme «hablar». Como un niño en una pastelería, me atiborro: los verbos son mis bombones, los sustantivos mis *toffes* pegajosos, los adverbios mis gominolas, y los adjetivos mi surtido de regaliz. Por la noche, en la cama, los símbolos circulan por mi mente y se infiltran en mis sueños.

Ahora observo cómo cada celda que contiene una palabra de la parrilla que tengo delante se ilumina por turno. Contiene palabras relacionadas con el desayuno, y los otros símbolos que ya he elegido para la frase aguardan en la parte superior de la pantalla. «Me apetece», «zumo de naranja», «y», «café», «por favor» esperan con paciencia, como una cola de pasajeros que tienen la esperanza de divisar un autobús que, dado todo el tiempo que llevan esperándolo, ya temen que nunca doblará la esquina. Cada vez que elijo un símbolo, debo esperar que el cursor vuelva al principio de la parrilla y luego vaya iluminando lentamente una celda tras otra. Ahora espero porque quiero pedirle a mi madre que esta mañana me prepare un huevo frito, además de café y zumo.

Se ilumina una imagen de una taza humeante («café soluble»). Luego la imagen de un *brik* («leche»).

Miel.

Tostadas.

Magdalena.

Marmite.

Gachas.

Fresa.

Albaricoque.

Mermelada.

Confitura.

Mantequilla.

Margarina.

Uvas.

Naranja.

Plátano.

Pan con pasas.

Sólo queda una fila de palabras.

Veo cómo se iluminan las celdas de «tortilla», «tomate» y «salchicha». El cursor pasa a la línea que empieza con «beicon» y acaba con «huevo frito». Ése es el símbolo que quiero. Me encanta saber que ahora, cuando pido de comer, puedo ser tan específico. No quiero huevos revueltos, ni tampoco pasados por agua; quiero algo alegre, un círculo dorado como el sol que ilumine mi plato.

Cierro la mano derecha en torno a mi placa con interruptor, preparándome para activarlo. Mi mano derecha es la más útil de las dos, la mano de la que me fío más. Ahora le pediré que haga lo que quiero.

El cursor sigue avanzando, y cada celda se ilumina durante unos segundos antes de pasar a la siguiente. «Huevo» y «huevos revueltos» quedan atrás mientras el cursor prosigue su recorrido. Ya se acerca «huevo frito». Está encajado entre «pasado por agua» y «cocido». Espero a que se ponga a tiro.

¡Por fin! Se ilumina el símbolo. Pero, justo cuando me dispongo a apretar los dedos en torno al pulsador, me doy cuenta de que no se van a mover con la rapidez suficiente. Intento cerrarlos de nuevo, pero no me obedecen. Mi mano me ha fallado, y siento cómo me invade una ola de rabia cuando veo que el cursor pasa a iluminar el siguiente símbolo. Me he perdido el huevo frito. Vino y se fue. Debo esperar a que el cursor vuelva a recorrer toda la parrilla antes de tener una nueva oportunidad de elegir esa opción.

Respiro hondo. Para mí, la comunicación es un juego especialmente difícil hecho de serpientes y escaleras verbales. Exige ese grado de paciencia que ahora casi me alegro de haber tenido años para perfeccionar.

Observo cómo las palabras se iluminan delante de mí una vez más. Pase lo que pase, hoy comeré huevo frito. Entonces clicaré sobre el último símbolo, «hablar», y por fin mi voz electrónica tendrá algo que decir.

16

Donde cuento un secreto

No puedo concretar el momento exacto en que me enamoré de Virna. Quizás el sentimiento se fue asentando tan lentamente, capa tras capa, que no me di cuenta de que había pasado a ser parte de mí, o a lo mejor es que nunca me permití pensar en ello. Pero todo lo que sé en este momento, cuando la contemplo, es que la quiero.

Estoy en el centro de día y Virna está hablando conmigo. Ahora espero sus visitas con más impaciencia que nunca, porque constituyen un antídoto tranquilizador frente al resentimiento que empieza a destellar en mi interior. No entiendo por qué aún me envían al centro, teniendo en cuenta que cada vez se me da mejor usar mi sistema de comunicación. Estamos a finales de 2002, más de un año después de que me hicieran la prueba, y aunque estoy seguro de que he demostrado que no debería estar aquí, nadie parece saber qué hacer conmigo porque no hay ningún otro lugar al que pueda ir. Si estar aquí me resultaba duro cuando nadie sabía que mi inteligencia estaba intacta, ahora es mil veces peor.

Tengo dos vidas: una en la que estoy en casa, trabajando en mi ordenador, sintiendo que quizá pronto forme parte del mundo por primera vez; y la otra, en la que estoy en el centro de día con una carpeta de símbolos sobre el regazo a la que nadie le hace mucho caso, sintiéndome tan muerto como antes. Cada vez me resulta más difícil pasar de una vida a otra.

No hace mucho, mis padres se fueron a hacer un viaje corto y me enviaron a una residencia desconocida. Cada mañana me llevaban en mi silla a un patio de tierra rodeado de una reja metálica alta, donde me sentía como un animal en el zoo. Al final de cada tarde volvían a meterme dentro, donde no había televisión ni radio, nada que interrumpiese la monotonía. Lo único que cambiaba sin cesar era el sonido de los coches que circulaban por la carretera cercana, y cada vez que escuchaba cómo se acercaba uno soñaba que era alguien que venía a sacarme de ahí. Pero nunca me rescataron, y no había nada que pudiera hacer para atajar la rabia y la decepción que corrían por mis venas. ¿Cuándo empezaría la gente a verme como lo que era, en lugar de fijarse en el caparazón roto en el que estoy metido? ¿Qué debía hacer para convencerles de que ya no encajo en estos sitios, y que es un error que intenten hacerme encajar?

A pesar de que algunas personas han visto lo mucho de lo que soy capaz, lo más habitual es que me traten como a un niño que no sabe lo que tiene en la cabeza. Siento que Virna es la única que me ve como a un igual, y cada vez estoy más convencido de que significo algo para ella. ¿Por qué si no iba a tener tanta fe en mí? Hace mucho que dejé de prestar atención a las bromas que hacen los del personal sobre todo el tiempo que me dedica Virna. Pero ahora he empezado a pensar en lo que dicen, y sé que los ojos de ella brillan de placer cuando me pregunta cómo me va con el ordenador. No puedo contarle gran cosa de mis progresos, porque no llevo mi ordenador portátil al centro por miedo a que pudiera pasarle algo. Es demasiado valioso como para llevarlo a ese lugar. Pero Virna me hace preguntas que puedo responder con mayor seguridad, ahora que los movimientos de mi cabeza van mejorando y mis manos se encuentran un poco más firmes. Mi cuerpo, al igual que una máquina vieja y oxidada que funciona mejor con el uso, cada vez es más fuerte.

Pero lo que me habla del interés que siente Virna por mí no es sólo su preocupación por mis progresos; también me lo ha comunicado de otras maneras: regalándome un móvil que hizo, que tiene unos peces de alambre con cuentas de color verde mar y azul, que ahora tengo colgado en mi cuarto, y visitándome el día de mi cumpleaños. Virna es la única persona que ha venido a verme a casa, aparte de mi amigo del colegio, Stephen, que se acercaba durante los años posteriores al inicio de mi enfermedad. Cada año llegaba con una tarjeta de felicitación que me leía en voz alta. Pero ahora hace mucho tiempo que no veo a Stephen, porque se ha ido al otro extremo del país, donde estudia medicina. Así que estuve eufórico cuando Virna vino a verme. Su visita tuvo lugar incluso antes de que me hicieran la prueba, y me regaló una caja que había pintado para mi cumpleaños. En aquella época nadie creía en mí excepto Virna, y me quedé observando la caja maravillado, sosteniéndola con tanto cuidado como si fuera una reliquia, mientras ella y su prima Kim charlaban con mis padres.

—Volveremos —dijo dulcemente Virna mientras se levantaba y me sonreía—. No será la última vez que vengamos a verte.

Por eso tengo tantas esperanzas de que pueda interesarse incluso más por mí ahora que aprendo a comunicarme. Pronto podré decir lo que quiero, hablar de cualquier tema rápida y fácilmente, y ser el tipo de persona que quizá le guste a Virna.

Me pregunto por qué me sorprende darme cuenta de que me he enamorado de ella. Los indicios de mis sentimientos estuvieron siempre ahí; sólo tenía que haber echado la vista lo bastante atrás como para verlos. Poco después de que Virna empezase a trabajar en el centro, recuerdo que escuché una conversación que debería haberme dicho todo lo que necesitaba saber. Me llené de envidia cuando la escuché comentarle a otra cuidadora que iba a ir al cine con un hombre que había conocido. ¡Cómo deseé ser el que llevase al cine a Virna, el que le hiciera sonreír!

No volví a oír nada sobre este asunto hasta dos meses después, cuando la escuché hablar con Marietta. Pero esta vez, cuando habló de aquel hombre, sus ojos no bailaban.

—¡No merece ni que te enfades con él! —dijo Marietta a Virna—. Lo único que tienes que hacer es olvidarle. Hay muchos más peces en el mar.

Virna dedicó a Marietta una sonrisa poco convencida, y me di cuenta de que estaba dolida. ¡Qué idiota era aquel tío! Ella había sentido algo real por él y él le había hecho daño. Eso me enfadaba.

Ahora, pensar en aquel momento de hace cuatro años, cuando debí darme cuenta de que sentía por Virna algo más que amistad, me hace sonreír. Entonces la miro mientras me habla con voz suave y sé, con toda la certidumbre con la que he sabido cualquier otra cosa en mi vida, que la amo.

—Mi prima Kim ha conocido a un chico nuevo —me dice, y su voz destella y rebosa emoción—. A ella le gusta de verdad. Durante un tiempo no estuvo segura de qué estaba pasando, porque salieron unas cuantas veces, pero él no le dijo nada sobre lo que esperaba de ella.

Miro a Virna. Cuantas más cosas descubro sobre lo que pasa entre los hombres y las mujeres, más cuenta me doy de que lo que vemos en la televisión no es como la vida real: ésta nunca es tan sencilla. Pero ese tipo no saldría con Kim si ella no le gustara, ¿no?

—Pero ahora todo va bien —dice Virna sonriendo—. Anoche tuvieron una buena conversación y le dijo a Kim que la considera una chica estupenda. Ella está muy contenta.

De repente siento el deseo de contarle a Virna cómo me siento. Ella me ha hablado de Kim y de su nuevo novio. Yo quiero lo que ellos tienen. Debo contárselo a Virna, porque estoy seguro de que ella también lo quiere.

Levanto la mano y la muevo inestablemente por el aire. Se agita entre nosotros sin sentido, pero sonrío a Virna. Nunca en mi vida le he dicho a nadie algo así, nunca me he atrevido a imaginar que fuera posible que alguien me amase. Pero ¿no será ahora el momento, cuando estoy aprendiendo a comunicarme y a demostrar a los demás un poco de lo que soy capaz? ¿Seguro que Virna, más que cualquier otra persona, debe ser capaz de ver algo más que mi cuerpo maltrecho?

Agito la mano una vez más en el aire antes de dejarla caer a mi lado. Virna me contempla en silencio. Su expresión es seria e inalterable. ¿Qué le pasa? ¡Está tan callada!

—¿Crees que podría haber algo entre nosotros, Martin? —pregunta al final.

Sonrío, sintiéndome nervioso y emocionado, asustado y esperanzado. ¡Estoy tan seguro de que siente lo mismo que yo! ¿Por qué si no sería una amiga como no hay otra? ¿Por qué si no me ayudaría?

Entonces veo cómo la tristeza parpadea en los ojos de Virna.

—Lo siento, Martin —me dice.

De repente ha desaparecido toda la felicidad que desprendía su persona hace unos momentos, cuando me hablaba de Kim. Virna está cerrada, inerte. Siento cómo se aleja de mí. Quiero que se quede, pero está difuminándose.

—Sólo podemos ser amigos —dice Virna lentamente—. Debes comprenderlo. Nunca podrá haber nada entre nosotros, Martin. Lo siento.

La sonrisa se me petrifica en la cara como si fuera de cemento. Mientras oigo lo que me dice no sé cómo borrármela.

—Lo siento de verdad si sientes otra cosa —me dice Virna—. Pero tengo que ser sincera y decirte que nunca habrá nada entre nosotros.

Por fin mi sonrisa se desmigaja. Siento dolor en el pecho. Nunca antes había conocido algo así, pero ahora ya sé lo que es. He oído cómo hablaban de esto en las películas, y he escuchado a gente que lo describía en canciones. Ahora que me atraviesa entiendo lo que es: me han roto el corazón.

17

El mordisco

Estaba sentado en el inodoro. No estoy seguro de por qué. Seguramente era adolescente y papá acababa de bañarme. Sea cual fuera el motivo, estaba desnudo y harto de todo. Había sido un mal día, no porque hubiera pasado algo malo, sino porque no había pasado nada de nada.

Papá se inclinó y estiró los brazos rodeándome. Sentí que sus dedos se cerraban en torno a un grano que tenía en la espalda. Me dolía. No quería que lo tocase; quería que parase, que me dejara tranquilo. Contemplé la barriga de mi padre, que estaba a la altura de mis ojos. Era grande, redonda y sólida. Éste no era el único motivo de que a menudo escuchase a mi madre llamarle «Papá Noel».

Al ver la barriga de papá sentí que me dominaba la ira. Se inclinó un poco más y su barriga me rozó los labios mientras sentía cómo sus dedos manoseaban tentativamente mi grano. Sentía un dolor intenso, quería gritarle que parase, que me quitara las manos de encima y se fuera a toda prisa del cuarto de baño, como había visto que lo hacían Kim y David tantas otras veces cuando se enfadaban. Por una vez en mi vida quería ser capaz de decidir quién me hacía qué, cuándo y cómo. Quería que mi padre dejase de tocarme y me dejara en paz. Hasta un bebé puede manifestar su insatisfacción llorando, pero yo no podía hacer ni eso.

Sentía cómo me hervía la rabia en el fondo de la garganta mientras abría la boca todo lo que podía y hundía mis dientes en la barriga de mi padre.

Soltó un gruñido de sorpresa y, dando un paso atrás, me miró atónito.

—¡Eso ha dolido! —me dijo mientras se frotaba la barriga.

Primero me sentí culpable… y luego tremendamente aliviado.

18

Las Furias

Si en mi relato hubieran tres Furias, se llamarían Frustración, Miedo y Soledad. Éstos eran los espectros que me acosaron durante siete largos años, nueve si fecho mi consciencia desde el momento en que empecé a entrar y salir de la vida. Pero aunque las Furias casi me derrotaron muchas veces, afortunadamente aprendí a derrotarlas de vez en cuando.

Primero llegaba la Frustración. Si dieran una medalla de oro olímpica por derrotarla, seguro que yo la habría obtenido. La Frustración era una dueña retorcida, susurrante, única, porque me consumía por entero. El Miedo podría haber sido un repentino puñetazo en el estómago y la Soledad un peso muerto sobre mi espalda, pero la Frustración me empezaba en el pecho, convirtiendo mis tripas en metal retorcido, y pronto invadía todo mi cuerpo. Mientras me infectaba, sentía que cada molécula vibraba de rabia.

La Frustración surgía en mi interior con tanta frecuencia porque me recordaba constantemente que no podía determinar mi propio destino ni siquiera en los detalles más pequeños. Si la gente quería que yo estuviera sentado en la misma posición hora tras hora, yo no podía hacer nada al respecto, aunque tuviera el cuerpo dolorido. Las palabras no pueden expresar hasta qué punto aborrecía en ocasiones las natillas y ciruelas que me pusieron para almorzar año tras año. La determinación de otras personas por hacerme caminar siempre hacía que la Frustración hiciera saltar las alarmas.

Mis padres siguen pensando que algún día podré volver a caminar, porque mis miembros, aunque son espásticos e incontrolables, no están paralizados. Fue mi madre quien empezó a llevarme a sesiones de fisioterapia para asegurarse de que mis músculos y mis articulaciones no se bloquearan del todo a causa de la inactividad. Ella y mi padre estaban tan aferrados a la idea de que algún día volvería a caminar que ninguno de los dos hizo caso a un médico que sugirió seccionarme algunos de los tendones de los pies para reducir la espasticidad. Él dijo que hacerlo era indiferente, porque seguro que nunca volvería a usar mis pies. Mis padres rechazaron su consejo, me llevaron a ver a un médico nuevo y hace dos años me practicaron la primera de dos amplias intervenciones quirúrgicas para estirar mis pies engarfiados, con la esperanza de que esto me ayudara a caminar de nuevo algún día.

Comparada con mis otras limitaciones la incapacidad de caminar me parecía algo casi insignificante. Parecía mucho más problemático no poder usar mis brazos para comer o lavarme, hacer un gesto o abrazar a alguien. Lo que me hacía sentir más inhumano era no tener una voz con la que decir que ya había comido bastante o que el agua del baño estaba demasiado caliente, o para decirle a alguien que le quería. Después de todo, las palabras y el lenguaje nos diferencian del reino animal. Nos dotan de libre albedrío y nos convierten en agentes, cuando los usamos para expresar nuestros deseos y rechazar o aceptar lo que otros quieren que hagamos. Al no tener voz, no podía controlar ni siquiera las cosas más sencillas, motivo por el cual la Frustración empezaba a lamentarse violentamente dentro de mí con tanta frecuencia.

Luego llegó su hermano, el Miedo, el miedo de no poder controlar lo que me sucedía día a día o en el futuro, el miedo de que estaba creciendo y que me ingresarían en una residencia permanente porque, a medida que se hicieran mayores, mis padres ya no podrían cuidar de mí. Cada vez que me enviaban a un centro residencial en el campo, cuando mi familia estaba de vacaciones o mi padre había salido en viaje de negocios, el terror me inundaba al pensar que quizá nunca más saldría de allí. Aquellas pocas horas que pasaba cada día con mi familia eran las que me mantenían con vida.

Yo odiaba aquel centro en el campo más que cualquier otro lugar al que me enviaban. Hace años, después de escuchar a mis padres hablar sobre a qué hora saldrían al día siguiente para dejarme en aquel centro, supe que tenía que hacer algo para impedírselo. Cuando el Miedo me despertó en mitad de la noche, me di cuenta de que tenía que librarme de él para siempre. Después de escuchar para cerciorarme de que todos estuvieran dormidos, meneé la cabeza apartándola de la almohada y metiéndola en la funda de plástico que la cubría. Mientras crepitaba en torno a mi cabeza, apreté la cara todo lo que pude contra la almohada mientras me decía que al día siguiente ya no tendría que ir al campo; pronto me vería libre del Miedo.

Respirando cada vez más deprisa, empecé a sudar mientras me inundaba una sensación de liviandad. Había encontrado la manera de huir del Miedo y me sentía eufórico. Pero la emoción pronto dio paso al desespero cuando me di cuenta de que no tendría éxito. Por mucho que lo intentase, no podía impedir que mi lamentable cuerpo siguiera respirando. Al día siguiente fui al campo como estaba previsto, y seguí visitando ese centro una o dos veces al año.

—Pueden cuidar de ti mejor que nosotros —me decía mi madre una y otra vez si era ella la que me llevaba en coche hasta allí.

Siempre decía lo mismo, como un encantamiento, con la esperanza de que le ayudara a mantener a raya la culpabilidad que surgía en su interior.

—Estarás bien cuidado —insistía, aferrándose a aquellas palabras mientras las pronunciaba.

Si mamá hubiera sabido lo que me sucedió en aquel lugar, estoy seguro de que nunca habría dicho eso. Pero no lo sabía, y mientras la escuchaba me sentía partido entre la ira y la tristeza: la rabia de que mis padres me obligasen a ir a un sitio que odiaba tanto y la pena porque mi madre parecía creer sinceramente que unos desconocidos podrían cuidarme mejor que ella. El fuego de mi anhelo de permanecer con ella crecía con fuerza en mi interior, y yo deseaba que pudiera darse cuenta y saber cuánto deseaba permanecer con ella y no con nadie más.

Por fin llegó la Soledad, y quizás ella fuese la más aterradora de las Furias, porque tenía la capacidad de succionar lentamente mi vida incluso cuando estaba en una habitación rodeado de personas. Mientras ellas iban de un lado para otro, charlando, discutiendo, formando relaciones y rompiéndolas de nuevo, yo sentía los dedos huesudos y paralizantes de la Soledad que me aferraban el corazón.

Por muy aislado que me hiciera sentir, la Soledad siempre encontraba maneras nuevas de que percibiera su presencia. Hace pocos años me anestesiaron cuando acudí al hospital para una intervención; cuando me metieron en el quirófano en mi silla de ruedas mamá y papá ya habían tenido que irse a trabajar. Una enfermera me extendió el brazo y me clavó una aguja en una vena, y un anestesista conectó a ella una jeringa llena de un líquido blanco.

—Dulces sueños —me dijo en voz baja, y sentí una sensación de calor que me recorría el brazo hacia el pecho.

Lo siguiente de lo que fui consciente es de que estaba tumbado de costado sobre una fría cama de hospital. Se movía, y no lograba enfocar la vista. Me sentía totalmente desorientado mientras intentaba comprender dónde estaba. Pero cuando sentí una mano que tomaba la mía para ajustar una aguja inserta en mi vena, la aferré con todas mis fuerzas, con la esperanza de tener un contacto breve que derrotase la sensación de estar completamente solo. Pero aquella mano se apartó bruscamente de entre mis dedos, y escuché unos pasos que se alejaban mientras yo me retorcía de vergüenza, pensando en lo repulsivo que debía resultar a otros.

Lo que me salvó fue descubrir que la Soledad tenía un talón de Aquiles, lo cual significaba que aquella manta aislante en la que me envolvía podía abrirse de vez en cuando. Lo único es que nunca sabía cuándo iba a pasar.

Recuerdo que una vez mi padre hablaba de un libro que había leído uno de sus compañeros de trabajo. Hablaba de un hombre que había quedado minusválido de adulto, y que se quejaba de que una de las peores cosas de estar sentado en silla de ruedas era la incomodidad resultante de estar en mala posición. Inmediatamente presté atención, porque a medida que me hacía mayor cada vez era más consciente de que a menudo me sentaban sobre mis testículos. Aquella sensación era un tipo muy concreto de incomodidad: el dolor daba paso a la insensibilidad antes de volver a hacer una aparición estelar, como una actriz de *music hall* que hace un bis obscenamente triunfante ante un público entusiasmado.

Después de la conversación con ese colega, mi padre siempre tuvo un cuidado especial en posicionarme con cuidado y asegurarse de que mis genitales no quedasen atrapados bajo mi peso cuando me sentaba en la silla de ruedas. Y cada vez que lo hacía, la Soledad volvía gruñendo a su cueva solitaria, porque cuando mi padre me demostraba que pensaba en mí, los dos juntos podíamos derrotarla.

19

Plumas de pavo real

Con la vista fija en la pantalla del ordenador, intento controlar el movimiento de mis manos. Debo pensar metódicamente, razonar mis actos paso a paso para resolver el problema que figura en el monitor que tengo delante. Si quiero resolverlo, debo conservar la calma y meditarlo bien.

—¿Qué quieres que haga ahora? —me pregunta Virna sentándose a mi lado.

Aún no estoy seguro. Miro la pantalla y siento que mi mente repasa todo lo que he aprendido sobre ordenadores, las horas que me he pasado viendo demostraciones de software y practicando con nuevos programas. Estoy seguro de que la respuesta se encuentra en algún lugar de mi interior; sólo tengo que encontrarla.

Es febrero de 2003, un año después de que me comprasen mi ordenador portátil y casi dos años después de que me evaluaran. Estoy sentado junto a Virna delante de un ordenador, en el centro de salud que comparte instalaciones con mi centro de día. Ella empezó a trabajar aquí hace unos meses, y aún nos vemos a menudo porque ella está muy cerca. Virna se ha mantenido fiel a su palabra de que siempre seríamos amigos después de que yo le dijese lo que sentía por ella, y charlamos como siempre lo hemos hecho. Sobre todo hablamos de cosas cotidianas, y de esta manera me enteré de que había problemas con los ordenadores de su despacho.

—Parece que se trata de un mal funcionamiento de los ventiladores —me dijo.

Yo dudaba que aquél fuera el verdadero motivo de los fallos

técnicos. Puede que tarde mucho en enseñarme a leer, pero aprender el lenguaje informático ha sido tarea fácil en comparación. De la misma manera que aprendí a saber la hora que era al memorizar las sombras, ahora intento fijar las letras en mi memoria, y ya entiendo algunas palabras escritas. A lo mejor lo único que hay que hacer es despertar de nuevo mis aptitudes para la electrónica que tenía de niño, pero he descubierto que desde que tengo mi propio ordenador entiendo intuitivamente a estas máquinas. En los últimos meses me he enseñado a usar una cadena de programas, incluyendo uno que traduce mis símbolos en palabras, de modo que puedo enviar correos electrónicos, y otro que me permite contestar al teléfono usando mi portátil.

—Hola, habla con Martin Pistorius —dice mi voz informática—. No puedo hablar, de modo que uso un ordenador y esto requiere un tiempo. Le ruego que tenga paciencia.

A pesar de todo, la mayoría colgaba porque la insulsez de mi voz computerizada es tan hipnótica que creían que estaban hablando con un contestador automático. Pero al menos he empezado a abordar el problema después de que me pidan que dé una charla sobre mis experiencias. El personal del centro de salud había oído mi historia de labios de algunas personas del centro de día, y me pidieron que les contase más cosas sobre mi sistema de comunicación. Pero después de pasarme cuarenta horas introduciendo un discurso de ocho minutos, me di cuenta de que mi voz era tan monótona que hasta el propio Romeo habría aburrido a Julieta si hubiera usado ese tono para confesarle su amor.

De modo que empecé a experimentar en busca de maneras de hacer que mi voz informatizada sonase más natural. Primero, introduje puntos finales en medio de las frases, de modo que mi voz mecánica sonara como si hiciera pausas para «respirar». Luego decidí modificar mi voz «estadounidense», de modo que diga «tomARto» en vez de «tomAYto», en un intento de que parezca que hablo de verdad. También tuve que elegir qué voz usar: de la misma manera que algunas personas eligen entre una lista de fuentes cuando escriben, yo podía elegir una de entre una docena de voces que venían con mi software informático. La que elegí se llama «Perfect Paul», porque me parece la más idónea para mí; no es demasiado alta ni demasiado baja.

Sin duda que el hecho de ajustar a medida mi forma de hablar me ha dado más confianza en mí mismo, pero sin embargo no aplacó el temor que me embargaba el día que debía dar la charla. Supe que reconocería a muchas personas de aquella sala, y el temblor constante de mis manos (uno de los legados de mi pasado) empeoró a medida que me ponía más nervioso. Virna estaba sentada cerca de mí mientras daba la charla, pero aun así yo temblaba tanto que apenas lograba conectar con los pulsadores que encendían el ordenador. Me obligué a respirar hondo mientras contemplaba la pantalla y escuchaba mi voz que empezaba a hablar.

—Hola a todo el mundo, y gracias por haber venido —decía—. Estoy muy nervioso, de modo que he apuntado algunas cosas.

Una línea preciosa tras otra, pasé a describir qué me había sucedido desde el día en que me evaluaron, y todo lo que había aprendido desde entonces: el software y los símbolos, los pulsadores y el HeadMouse*, y cuando acabé vinieron algunos asistentes a felicitarme. Luego se pusieron a debatir entre ellos lo que les había contado, y me resultó extraño pensar que estaban comentando cosas que yo había dicho. Era la primera vez que me pasaba.

La facilidad que tengo con los ordenadores es lo que indujo a mi padre a sugerir que quizá podría ayudarles con los problemas que tenían en el centro de salud. Según parece, les dijo que deberían darme la oportunidad de ayudarles, motivo por el cual Virna vino a buscarme a mi aula en el centro de día. Creo que mi profesora de aquel día pensó que el mundo se había vuelto loco si alguien albergaba la idea de que un paciente de su extremo del pasillo podía arreglar un ordenador. Pero a mí me pareció una señal, la oportunidad que había estado esperando para demostrar de lo que era capaz.

Mientras Virna empujaba mi silla por el pasillo, era un manojo de nervios. Quería demostrar que podía hacer algo más que pronun-

---

* Especie de puntero ceñido a la frente por medio de una banda, que se controla con ligeros movimientos de la cabeza y que proyecta un rayo infrarrojo en la pantalla del ordenador. (N. del E.)

ciar palabras por medio de un ordenador. Virna tendría que ser mis manos, y usar el ratón para desplazarse por el sistema, de modo que yo pudiera arreglarlo mientras me iba leyendo lo que ponía en la pantalla y yo le comentaba qué tenía que hacer. Después de todo, reparar un ordenador es un poco como entrar en un laberinto: seguro que acabas en algunos callejones sin salida, pero al final encontrarás el camino correcto. Tuve que confiar en mis instintos mientras el ordenador nos planteaba instrucciones, y estuvimos allí sentados varias horas, arreglando primero un problema, luego otro y por último un tercero.

Cuando acabamos, me sentía eufórico. ¡Lo había hecho! Apenas me creía que había resuelto un problema que a otros les había parecido insoluble. Hice que Virna comprobase el funcionamiento una y otra vez para asegurarme de que lo había resuelto de verdad, y cada una de las veces quedó claro que el sistema volvía a funcionar correctamente.

—¡Bien hecho, Martin! —decía Virna una y otra vez, sonriéndome complacida—. ¡Me parece increíble que lo hayas conseguido! Los técnicos no pudieron, ¡pero tú sí! —Se reía para sí mientras empujaba mi silla de vuelta al centro de día. No paraba de decir—: ¡Eso les enseñará!

Ni siquiera volver a mi clase pudo empañar mi estado de ánimo. Ya no me daba cuenta de dónde estaba; me daba lo mismo. Lo único que veía era la pantalla del ordenador y su funcionamiento interno, que destellaba en mi mente mientras Virna y yo recorríamos el laberinto. ¡Lo había conseguido!

Unos días más tarde surgió otro problema con el programa de correo electrónico, y una vez más Virna me lo comentó. El corazón empezó a latirme emocionado, y deseé con todas mis fuerzas que volvieran a pedirme ayuda. Pero pasaron varios días antes de que por fin Virna recorriese el pasillo para buscarme. A lo mejor su superior había pensado que la primera vez yo había tenido suerte y no estaba segura de que pudiera repetir mi proeza.

Pero ahora Virna y yo estábamos sentados juntos, una vez más, delante de un monitor.

—¿Pulso F1? —pregunta.

Muevo la cabeza a un lado para decirle que no.

—¿Y F10?

Sonrío.

Pulsa la tecla y entramos en el primer nivel de la configuración del módem. Sé que antes de que encuentre el problema tendremos que pasar por varios niveles más. Debo tranquilizarme y pensar con claridad. Debo demostrar por segunda vez de lo que soy capaz, y demostrar sin género de dudas que realmente sé lo que hago. Cuando le digo a Virna cuál es el siguiente paso, estoy concentrado. De alguna manera sé que podré resolver este problema. Lo presiento. Estoy seguro de que con la ayuda de Virna podré abrirme paso por esta máquina y encontrar el problema que la aqueja.

Es entonces cuando la siento: es una emoción que nunca me había embargado hasta que arreglé el ordenador la semana anterior. Ahora ha vuelto y es una sensación extraña, como un pavo real que abre su cola de plumas multicolores; hace que me envanezca y que me sienta vivo. Entonces me doy cuenta de lo que es: orgullo.

20

Atreverse a soñar

¿Hay algo más poderoso que el amor de una madre? Es un ariete que derriba las puertas de los castillos, un tsunami que se lleva todo por delante a su paso. Los ojos de mamá brillan cuando se vuelve hacia mí.

—Voy a enterarme de dónde tenemos que ir y vuelvo a buscarte —me dice.

Mamá sale del coche y cierra de un portazo. Yo me quedo sentado, viendo cómo el sol primaveral atraviesa el parabrisas y me hace entrecerrar los ojos. Hemos llegado al centro especializado en comunicación aumentativa donde me evaluaron hace casi dos años, porque me han invitado a asistir a una jornada de puertas abiertas con otros alumnos después de que mi madre insistiera en poner al día a los expertos sobre mis progresos.

—¡Has llegado tan lejos, Martin! —me dijo—. Voy a ir a verlos. Querrán conocerte. Llevas usando el ordenador sólo un año ¡y fíjate todo lo que puedes hacer con él!

Yo sabía que no había nada que hacer para detener a mamá una vez que había tomado la decisión de presumir de su hijo, así que esperé mientras ella acudió al centro unas semanas antes y, a su vuelta, la escuché mientras me contaba emocionada lo que había pasado.

—Quieren verte —me dijo—. Les parece increíble lo rápido que has progresado. Te han invitado a asistir a un taller junto con otros alumnos.

Entiendo la sorpresa de los demás. Incluso ahora que tengo un trabajo siento que la situación me puede. De hecho, tengo que comprobar que no estoy soñando cada vez que me llevan a la oficina donde trabajo como voluntario un día a la semana. Trabajo en el centro de salud donde ayudé a reparar los ordenadores con Virna, y apenas me creo que me pidan hacer algo más que quedarme mirando impasible las paredes del centro de día. Es un trabajo sencillo: hago fotocopias y archivo, porque mi brazo derecho se ha fortalecido lo suficiente como para levantar papeles, y una compañera maravillosa llamada Haseena me ayuda cuando hay algo que no puedo hacer. También puedo solventar los problemas informáticos, si se produce alguno.

Lo mejor de este trabajo es que significa que, por fin, he podido salir del centro de día. Cada martes, cuando atravieso con mi silla la puerta del edificio y mi cuerpo, imperceptiblemente, se inclina a la derecha, hacia mi antigua aula, me invade una sensación extraña cuando veo que me llevan en dirección contraria, hacia el centro de salud. Abandonar el centro de día es tomar un desvío en el camino; si me enviaran a uno otra vez me daría algo. A veces me pregunto si en aquel lugar donde pasé tantos años permanece aún una sombra del chico invisible. Pero alejo este pensamiento. Me niego a pensar en el pasado ahora que tengo un futuro.

A medida que lo voy usando más, mi cuerpo se está fortaleciendo de distintas maneras sutiles. Los días que no trabajo practico en casa con el ordenador. Ahora, cuando me siento, estoy un poco más recto. Los músculos de mi cuello tienen la fuerza suficiente para que use el HeadMouse la mayoría de las veces, y empiezo a utilizar un poco el panel táctil de mi ordenador portátil, porque ya puedo confiar más en mi mano derecha en concreto. La izquierda sigue siendo incontrolable en gran medida, pero, aunque todavía no soy una mariposa, sí que estoy saliendo lentamente de la crisálida.

El único vínculo visible con mi pasado es el babero que aún llevo puesto, una herencia de aquellos días en que babeaba tanto en mi pecho que un logopeda recomendó que me llenaran la boca de azúcar glas para obligarme a tragar. Lo cierto es que ya no necesito el babero, y mi madre no quiere que lo lleve, pero no consigo acostumbrarme a no ponérmelo. A lo mejor tengo miedo de perder los poderes mágicos que he obtenido inesperadamente si los pongo demasiado a prueba quitándome el babero. Quizá mi resistencia a renunciar a los artículos de mis años preescolares es el único acto de rebelión que tengo a mi alcance, y quiero aprovecharlo al máximo a medida que empiezo a ser consciente de lo que significa tomar mis propias decisiones. A menudo, decidir si me pongo o no el babero cada día es la única oportunidad que tengo de tomar una decisión, de modo que estoy decidido a ser yo quien la tome.

Ahora, sentado en el interior del coche esperando a mi madre, veo a los alumnos que van de un lado para otro por el camino de acceso. El centro forma parte de una universidad, y yo sueño con estudiar en un sitio como éste, porque sé que un día me gustaría trabajar con ordenadores a tiempo completo. Hay momentos en los que me parecen lo más sencillo del mundo cuando los comparo con todo lo demás que estoy aprendiendo.

Incluso he empezado a probar software para una empresa del Reino Unido. Uso sus programas de comunicación en mi portátil, y mamá y yo hemos detectado algunos fallos ocasionales en el software desde que empezamos a usarlo. Los fabricantes solían enviar por correo electrónico las soluciones a mi madre, pero poco a poco fui yo quien mantuvo correspondencia con ellos. Cuando se dieron cuenta de lo bien que conozco los sistemas, me pidieron que empezase a probarlos. No tengo ni idea de cómo o por qué entiendo tan bien los ordenadores, pero ya he dejado de preguntármelo. Hoy día suele pasar esto: hay cosas que hago sin pensar y que sorprenden a otros.

Hace poco, cuando mi padre entró en mi despacho se me quedó mirando atónito mientras yo colocaba documentos en carpetas ordenadas alfabéticamente.

—¿Cómo sabes dónde va cada cosa? —me preguntó, sorprendido.

La verdad es que yo no lo había pensado. Aún no leo bien, pero comparaba la letra que figuraba en el título del documento con la que estaba en la parte delantera de la carpeta. Después de todo, las letras no son más que símbolos: una «A» parece un hombre que se coge las manos por encima de la cabeza; la «M» es la cima de una cadena montañosa, y la «S» es una serpiente que se retuerce.

La puerta del coche se abre y mamá se inclina hacia mí.

—¿Estás listo?

Coloca mi silla de ruedas junto a la puerta y me levanta las piernas del asiento antes de tomarme del brazo. Nos apoyamos el uno en el otro mientras me levanto y culebreo hasta quedar sentado. Mamá me pone el ordenador en el regazo y me conduce al edificio, donde veo cómo las puertas eléctricas que no había vuelto a ver desde hacía dos años se abren para franquearnos el paso. Una mujer nos conduce a una habitación donde han servido café, y mi vista se pasea por las personas que forman corrillos y charlan. Dos de ellas son hombres, ninguno de los cuales va en silla de ruedas, pero llevan una caja como aquel aparato que mamá y papá estuvieron a punto de comprarme. Me los quedo mirando con interés, como observaría un ornitólogo a un ave exótica. Nunca había conocido a alguien tan callado como yo.

—¿Te preparamos? —oigo que me pregunta mamá.

Me introduce en una sala pequeña con mesas y sillas formando filas perfectas. Una mujer está ordenando papeles delante de una pizarra blanca para rotuladores en un extremo de la sala.

—¿Dónde te quieres sentar? —me pregunta mamá, y en respuesta señalo la última fila.

Cuando estamos en nuestro sitio, mamá abre la cremallera del maletín del ordenador. Resuena un conjunto de notas musicales cuando lo enciende, y la mujer delante de la pizarra blanca alza la vista. Es de mediana edad, con gafas, tiene el pelo corto y gris y lleva un chal sobre los hombros. Me sonríe. Bajo la vista, sin saber qué hacer. Nunca había asistido a un encuentro como éste. Nunca me he sentado entre un grupo de personas que aprenden y debaten cosas. No quiero que se den cuenta de que estoy aquí.

Mamá y yo esperamos mientras, lentamente, la gente va entrando en la sala y se sienta. Charlan unos con otros, se saludan y sonríen, hasta que al final todo el mundo ha ocupado su asiento y la mujer con gafas empieza a hablar.

—Buenos días —dice, sonriente—. Me llamo Diane Bryen y trabajo en la Universidad de Temple de Filadelfia, donde dirijo un programa llamado ACES, que ayuda a los usuarios adultos de la tecnología de la comunicación a dirigir sus propias vidas.

»Creo que ésta es la manera de contribuir a que surjan nuevas voces, y a erradicar los estereotipos sobre las personas que tienen una discapacidad.»

La mujer tiene una voz vibrante y llena de energía. Su mirada es alentadora.

—No cabe duda de que las personas que padecen esas discapacidades se enfrentan a barreras importantes —dice—. Barreras para una educación de calidad, barreras para disfrutar del respaldo familiar de modo que los niños crezcan contando con ese apoyo, barreras para obtener una vivienda asequible y accesible, barreras al acceso igualitario a la asistencia sanitaria y al mercado laboral.

»Éstas son las barreras que encontramos cuando tratamos con todos los grupos que presentan distintas discapacidades, pero hoy no he venido a hablarles de las injusticias más evidentes. En lugar de eso, quiero hablar sobre toda esa batería de limitaciones adicionales que la sociedad impone a los individuos, porque la discapacidad no solamente es física, centrándose en las limitaciones cognitivas o sensoriales, sino que también se debe a las actitudes que discapacitan. Si alguien no espera progresar o los demás no esperan que lo haga, nunca progresará.»

Fijo la vista en la doctora Bryen. Nunca había oído a nadie hablar con tanta pasión y convicción sobre las personas que son como yo.

—Creo que si los discapacitados quieren derribar las barreras a las que se enfrentan, deben darse cuenta de que tienen el *derecho* a hacerlo, que pueden tener metas como cualquier otra persona, y para hacer eso deben atreverse a soñar.

Observo a la doctora Bryen mientras ella pasea la vista por la sala.

—El hombre al que más me gustaría conocer antes de morir es Nelson Mandela —continúa—. Porque, a pesar de haber pasado tanto tiempo en la cárcel, tuvo un sueño y lo defendió incluso cuando le privaron de libertad y de los alimentos más básicos. El señor Mandela defendió con valentía su sueño hasta que vio cómo se hacía realidad.

»También he conocido a otras personas que tuvieron sueños. Uno de los mejores jefes que he tenido era un hombre llamado Bob Williams, que se dedicaba a la política y padecía parálisis cerebral.

También tenía un buen empleo, un perro guía y una esposa que le amaba mucho.

»Estaba viviendo la vida con la que había soñado, y he conocido a muchas más personas como él. Por ejemplo, conozco a un músico que soñaba con cantar y programó su comunicador para que lo hiciese por él, y a una conferenciante en la universidad donde trabajo que tiene parálisis cerebral y desempeña un trabajo que le encanta. Personalmente, también he visto a alguien a quien quiero atreverse a soñar, porque mi hermano es ciego.

»Todas estas personas han conseguido grandes cosas, pero lo que todas y cada una hicieron fue atreverse a soñar. Es un instrumento poderoso, y todos debemos aprender a hacerlo.»

La doctora Bryen mira a un hombre sentado cerca de la primera fila.

—¿Cuál es su sueño?

No sufre ningún impedimento físico, y se remueve inquieto en su silla cuando la atención recae sobre él.

—Escribir un libro algún día —dice en voz baja.

—¿Y cómo va a conseguirlo?

—No estoy seguro.

La doctora Bryen le sonríe.

—Por eso tenemos que pensar largo y tendido en nuestros sueños, porque, una vez que nos atrevemos a tenerlos, podemos empezar el proceso de intentar que se hagan realidad.

»Sin embargo, los sueños no tienen por qué ser muy grandes. Conozco a una mujer que sueña con suscribirse a una revista de una telenovela, y a otra que quiere cenar una vez a la semana macarrones con queso.

»Los sueños pueden tener el tamaño que cada uno quiera. Pero lo importante es que cada persona tenga uno propio.»

La doctora Bryen vuelve a pasear la vista por la sala. Sus ojos recorren las filas de personas, cada vez más atrás, hasta que se detienen en mí.

—¿Qué crees que necesitas para alcanzar un sueño? —me pregunta.

Todo el mundo me mira. No sé qué decir. Quiero que me dejen en paz. Nunca me han mirado tantas personas al mismo tiempo. No sé qué hacer.

—Creo que Martin diría que es necesario trabajar duro —responde mamá.

Está hablando por mí, intentando llenar el silencio que he abierto como si fuera un desgarrón. Me gustaría que me tragase la tierra.

—Pero quiero saber lo que piensas *tú* —insiste la doctora Bryen mientras me mira—. Eres Martin, ¿verdad? Quiero que me digas lo que crees que necesita una persona para alcanzar su sueño.

No hay escapatoria. El silencio en la sala es tremendo mientras apunto con el HeadMouse al ordenador y empiezo a pulsar interruptores. Después de lo que parece una eternidad, por fin, hablo.

—Cada persona necesita que le den la oportunidad de decidir por sí sola cuál es su sueño —dice mi voz robótica.

—¿Qué quieres decir, Martin?

Vuelvo a tocar los pulsadores una y otra vez.

—La gente tiene que ayudarte a definir cuál es tu sueño. Deben capacitarte para que tengas uno.

—¡Oh, no! —protesta la doctora Bryen—. No estoy de acuerdo contigo en absoluto. ¿No lo ves, Martin? No puedes pedir a los demás permiso para soñar. Tienes que hacerlo solo.

No estoy seguro de entender lo que dice la doctora Bryen. Me he pasado toda la vida recibiendo los alimentos que otros elegían para mí y viendo cómo me metían en la cama cuando decidían que estaba cansado. Me han vestido como han querido y me han hablado como y cuando querían hacerlo. Nunca me han pedido que piense sobre lo que *yo* quiero. No sé lo que es tomar decisiones por mí mismo, y mucho menos soñar. La miro fijamente. ¡Sé tantas cosas sobre las expectativas de otras personas y tan pocas de las mías!

Pero ¿es cierto lo que dice? ¿En serio podría comenzar a tomar decisiones propias ahora que estoy descubriendo mi voz? Sólo empiezo a darme cuenta de que en algún lugar, al final de este viaje, podría encontrarse ese tipo de libertad que antes ni siquiera imaginé. Seré capaz de convertirme en la persona que quiero ser, pero ¿me atrevo a soñar en cómo es?

21

Secretos

La faceta inesperada de ser invisible es que, sin darse cuenta, la gente me mostraba sus mundos secretos. He escuchado ventosidades que restallaban como balas de un fusil cuando una persona cruzaba una habitación, o les he visto mirarse tanto en el espejo que parecía que esperaban que, por arte de magia, encontrarían una versión más atractiva de su rostro. He visto a gente hurgarse en la nariz y zamparse los mocos, o ajustarse la ropa interior antes de rascarse la entrepierna. Les he oído maldecir y murmurar para sí mientras daban vueltas en una sala. He sido testigo de discusiones en las que las mentiras se presentaban como su contrario con objeto de intentar tener razón.

Las personas también se me revelaban de otras maneras: en una caricia amable y afectuosa o áspera y desconsiderada; en unos pies que se arrastran fatigados cuando entran en una habitación. Si alguien estaba impaciente, suspiraba mientras me lavaba o me daba de comer; si un cuidador estaba enfadado, me desvestía con más brusquedad de la habitual. La felicidad relampagueaba en ellos como un débil pulso eléctrico, mientras que la ansiedad tenía mil indicios reveladores, desde las uñas que se comía la gente hasta el pelo que se remetían detrás de las orejas una y otra vez en un intento de aliviar su inquietud.

Sin embargo, es probable que la tristeza sea lo más difícil de esconder, porque sabe cómo manifestarse por mucho que la gente piense que sabe disimularla. No hace falta más que mirar para captar los indicios, pero la mayoría no lo hace, motivo por el cual hay tantas personas que parecen acabar sintiéndose solas. Creo que por eso algunas de ellas hablaban conmigo: hablar a otro ser vivo, aunque sufriera de parálisis cerebral, era mejor que no hablar con nadie.

Una de las personas que me hizo confidencias fue Thelma, una cuidadora que trabajaba en el centro la primera época que estuve allí, y que a menudo acababa sentándose conmigo y con algunos otros chicos mientras esperábamos que nos recogieran al final del día. Cada tarde yo esperaba sentado aguzando el oído para escuchar el chirrido de la puerta blanca al final del pasillo cuando alguien la empujaba. Entonces, cuando empezaban a resonar las pisadas por el pasillo, intentaba adivinar quién era: el repiqueteo de los tacones altos significaba que la madre de Corinne había venido a buscarla; las botas militares pesadas me decían que era el padre de Jorika, mientras el tableo amortiguado de los zapatos de papá revelaban al hombre fornido que sigue siendo hoy, y los zapatos de mi madre eran casi silenciosos, exceptuando el susurro apagado de sus pasos rápidos. Algunos días lograba adivinar quién venía antes de verlo, pero otros me equivocaba con todos.

Cada tarde los otros chicos me abandonaban uno tras otro, y el edificio poco a poco se quedaba en silencio: dejaban de sonar los teléfonos y el rumor de los empleados; cuando apagaban el aire acondicionado, escuchaba como un pitido en los oídos, y mi cerebro llenaba el silencio con sus disquisiciones. Pronto sólo quedábamos Thelma y yo, esperando, y con ella siempre estaba contento porque nunca se enfadaba si mi padre se retrasaba.

Una tarde estábamos allí sentados cuando sonó una canción en la radio, y Thelma se quedó con la mirada perdida mientras la escuchaba. Ese día yo percibía su tristeza.

—¡Lo echo tanto de menos! —dijo de repente. Aunque yo tenía la cabeza inclinada sobre el pecho, escuché que había empezado a llorar.

Ya sabía de qué estaba hablando: su esposo había fallecido. Había oído a gente que lo comentaba en voz baja.

—Era un buen hombre —musitó—. Pienso en él constantemente, todos los días.

Se produjo un crujido cuando Thelma cambió de posición en la silla que estaba a mi lado. Mientras hablaba se le rompió la voz, y sus lágrimas brotaron con más libertad.

—No dejo de verle al final de todo. Me pregunto si entendía qué le estaba pasando. ¿Cómo se sentía? ¿Tenía miedo o sentía dolor? ¿Hice lo suficiente? No dejo de darle vueltas a la cabeza. No puedo dejar de pensar en él.

Sollozó con más fuerza.

—¡Ojalá le hubiera dicho más veces que le quería! —dijo—. No se lo dije lo suficiente, y ahora ya no tendré ocasión de hacerlo. Nunca se lo podré decir.

Thelma lloró un rato más a mi lado. Yo sentía un nudo en el estómago. Era una persona afable, que no merecía semejante tristeza. Ojalá pudiera decirle que había sido una buena esposa; estaba convencido de que lo fue.

22

Salir de la burbuja

¿Era inevitable que me aterrase la soledad después de haber pasado tantos años solo? Después de asistir al taller en el centro de comunicación aumentativa el mes pasado, he vuelto para participar en un curso de una semana sobre comunicación aumentativa y alternativa, o CAA. Todo el mundo, desde las personas como yo que usamos la CAA hasta los padres, profesores y terapeutas que trabajan con nosotros, visitan este centro. Pero este curso es para alumnos que quieren obtener un título en CAA, y el director del centro, el profesor Alant, me invitó a participar. Mamá ha venido conmigo todos los días, pero esta mañana ha tenido que ir a buscar un repuesto porque hay un problema con uno de mis pulsadores. Eso quiere decir que estoy solo.

Mientras paseo la vista por la sala llena de desconocidos, me doy cuenta de que no recuerdo la última vez que no tuve al lado a un miembro de mi familia o a un cuidador. Me pasé años sometido a un confinamiento forzoso en mi interior, pero hasta ahora nunca estuve sin un acompañante. No recuerdo que fuera un niño que se aventurase cada vez más lejos por la calle hasta encontrar el coraje necesario para doblar en la esquina por primera vez. Nunca fui el tipo de adolescente que diera sus primeros pasos hacia la edad adulta y la independencia desafiando a sus padres pasando toda la noche fuera de casa.

Estaba aterrado. ¿Qué iba a decir? ¿Qué podía hacer? Estoy sentado en la silla en el fondo de la sala de conferencias, con la esperanza de pasar desapercibido, y suspiro aliviado cuando empieza la primera disertación. Luego hacemos una pausa para tomar el té. Sé que si quiero tomar un té alguien tendrá que empujar mi silla de ruedas, meter una pajita en la taza y ponérmela lo bastante cerca para que pueda inclinar la cabeza y beber. De modo que, cuando una de las estudiantes me pregunta si quiero sumarme al grupo, le digo que prefiero quedarme donde estoy. Estoy demasiado asustado como para aceptar su ofrecimiento. No quiero ser una carga o abusar de personas a las que no conozco.

Pero mientras estoy sentado en esta sala, mirando cómo pasa la gente delante de mí, charlando y riendo, sé que mi resistencia no tiene sentido. Siempre tendré que desplazarme por el llamado mundo real: ir de un lado para otro, abrir y cerrar puertas, comer, beber e ir al baño. No puedo hacer nada de esto solo, de modo que si un desconocido quiere abrirme una puerta, debo sonreírle; si alguien se ofrece a ayudarme a subir un escalón, debo aceptar su ayuda, aunque no quiera. La única manera de superar ese espacio limitador en el que mis padres siempre están a mi lado y todo es conocido es empezar a permitir que gente a la que no conozco me ayude. Mientras la burbuja en la que he estado oculto tanto tiempo empieza a romperse, tengo que aprender cosas nuevas.

—¿Martin?

Alzo la vista y veo a Michal, una logopeda del centro a la que conocí en el taller el mes pasado.

—¿Te llevo a la sala del té y tomamos algo? —pregunta.

Michal sonríe. Me inunda una oleada de alivio. Hago clic en uno de los símbolos.

—Gracias.

23

Una oferta que no puedo rechazar

Según parece, soy un bicho raro. Como un loro o un mono, despierto el interés de los expertos. En parte se debe a que soy un usuario nuevo de la CAA y un adulto joven, lo cual no es muy habitual. La mayoría de personas que aprenden a comunicarse por medio de la CAA son niños que han nacido con problemas como parálisis cerebral, autismo o un trastorno genético, o bien adultos mayores que han perdido la capacidad de hablar debido a una embolia o a la esclerosis lateral amiotrófica. Escasea la gente como yo, que pierde el habla en mitad de la vida en vez de al principio o al final debido a una enfermedad o un accidente. Pero lo más importante es el hecho de que he aprendido tanto y tan rápido sobre la comunicación asistida por ordenador *y* me estoy enseñando a leer y escribir; ésta es la verdadera novedad, porque muchos usuarios de CAA son analfabetos toda la vida. De modo que los estudiantes se han reunido para oírme hablar el último día de su curso.

—La adaptación a mi nueva vida ha sido un reto y, en ocasiones, me ha dado miedo —les digo—. Hay muchas cosas que desconozco, y a menudo me he sentido totalmente desbordado. Estoy siguiendo una curva de aprendizaje empinada, pero todo cambia drásticamente para bien.

Mientras los alumnos se apiñan a mi alrededor para felicitarme después de mi conferencia, me siento muy bien al estar entre ellos. Los de mi edad parecen personas muy brillantes, como si los hubieran pintado con los colores del arco iris, con esas anchas sonrisas y esas voces tan sonoras. En honor de la ocasión, decido no ponerme el babero y parecerme un poco más a ellos.

—¡Has estado genial! —oigo decir a alguien con acento estadounidense.

Erica es una estudiante a la que conocí antes esta misma semana, aquella mañana en que mamá había ido a la tienda y Michal me llevó a la sala del té. Después de conseguirme una bebida, Michal tuvo que ocuparse de otras cosas y me quedé mirando la taza, sabiendo que no podría beberme su contenido porque no me había dado una cañita.

—¿Necesitas algo? —preguntó una voz.

Volví la cabeza y vi a una mujer que parecía de mi edad. Tenía el pelo rubio y corto, y desprendía energía. Moví la mano hacia abajo.

—¿Lo tienes en la mochila?

La joven se inclinó, encontró una cañita y la puso en la taza.

—Me llamo Erica —me dijo—. ¿Te importa que te haga compañía?

Me gustó lo directa que era. Erica me dijo que estaba de visita durante diez meses, que venía de una universidad en Estados Unidos, donde había estudiado para ser terapeuta de habla y lenguaje; ahora estaba haciendo un curso de posgrado en Sudáfrica. Me quedé maravillado al ver cómo me hablaba de todo un poco. No era muy habitual que la gente hablase conmigo con tanta facilidad.

—¡Aquí no hace nada de frío aunque estemos en invierno —dijo Erica con una risita—. Estoy tan acostumbrada a los inviernos tan duros de Wisconsin que esto no es nada. Me parece increíble que todo el mundo vaya con esa pinta de estar pasando frío, cuando lo único que me apetece es ir por ahí con una camiseta.

Seguimos charlando hasta que se acabó la pausa para el té y Erica empujó mi silla de vuelta a la sala de conferencias.

—Me ha gustado hablar contigo, Martin —me dijo.

Desde entonces hemos vuelto a charlar de vez en cuando, y ahora Erica vuelve a sonreírme. Mientras se inclina hacia mí, tiene una mirada traviesa.

—He decidido que deberíamos ser amigos —me dice.

Se acerca un poco más para que nadie pueda oírnos.

—Pero con una condición: nada de padres.

Sonrío mientras le doy a Erica mi dirección de correo electrónico y ella se dirige a hablar con otra persona, mientras la profesora Alant se acerca a saludarme.

—Me gustaría hablar contigo si es posible, Martin —dice—. A solas, si no te importa.

Estoy seguro de que debo parecer tan sorprendido como mi madre. No suelo hablar en privado con personas a las que no conozco. Pero la profesora Alant parece muy resuelta mientras se sienta a mi lado y mi madre nos abandona.

—Estamos contentos de que hayas estado con nosotros esta semana —me dice—. ¿Te ha gustado la experiencia?

Asiento con la cabeza.

—Me alegro, porque tu punto de vista como usuario de CAA no tiene precio, y nos ha impresionado mucho todo el trabajo que has hecho y los resultados increíbles que has obtenido —prosigue—. Por eso quería hablar contigo, porque tu madre me ha dicho que estás haciendo trabajo voluntario de oficina una vez a la semana, y parece que te gusta mucho.

»Así que quería preguntarte si te plantearías hacer una prueba para trabajar también con nosotros. Me gustaría ver cómo te va durante una mañana a la semana durante el próximo mes, y luego podemos hablar de la posibilidad de hacer algo más permanente. ¿Qué te parece?»

Me quedo mirando atónito a la profesora Alant. Estoy demasiado sorprendido como para mirar mi ordenador o darle una respuesta. Mi mundo no solamente se está abriendo: ha explotado.

24

Un salto adelante

—¿Qué piensas de esto, Martin?

Juana me mira expectante. Trabaja aquí, en el Centro para la Comunicación Aumentativa y Alternativa, y es una de mis nuevas compañeras de trabajo.

No sé muy bien qué decir. Juana quiere saber qué creo que ayudaría más a un niño al que evaluaron hace poco en el Centro. Pero estoy tan poco acostumbrado a que me pregunten mi opinión que todavía no sé cómo expresarla correctamente. Trabajar aquí es tan distinto a lo que hacía en el centro de salud, donde al principio muchas personas parecían inseguras a la hora de interactuar con alguien como yo.

—¿Puedes localizar el expediente de January, por favor? —preguntaban a Haseena, mi colega, cuando entraban en el despacho.

Aunque ella estuviera claramente ocupada, había algunos que no me pedían ayuda. Hizo falta tiempo para que los demás confiasen en mí profesionalmente, y ahora aprecio mucho el hecho de que lo hagan.

Pero aquí, en el Centro, la gente me ha preguntado mi opinión desde el mismo momento en que llegué. Soy la persona que ha puesto en práctica sus teorías, y quieren conocer mis opiniones. Al principio esto me ponía de los nervios, pero lentamente me he ido acostumbrando.

El primer día que vine a trabajar aquí me senté en la misma sala en la que Shakila me había evaluado tiempo atrás, y me di cuenta de que ahora tenía incluso menos idea que entonces de lo que se esperaba de mí. Tendría que tomar mis propias decisiones sobre cómo empezar y acabar las tareas administrativas que me habían encomendado, como redactar una historia usando símbolos, que se publicaría en la hoja informativa del Centro.

La segunda semana me trasladaron a un despacho con una mujer llamada Maureen, con la que pronto hice amistad, y a la tercera semana descubrí lo estimulante que resulta estar en un lugar en el que las personas no me tienen miedo.

Ahora es la cuarta semana que llevo trabajando aquí, y esta mañana acaba mi periodo de prueba: el momento de la verdad. Para calmar mis nervios antes de la reunión inminente con la profesora Alant, Erica me invita a tomar un café. Nos hemos hecho buenos amigos. Es una hermosa mañana de primavera. Los árboles están cargados de hojas, y el cielo sobre nuestras cabezas es de un azul brillante.

—¿Crees que conseguirás el empleo? —pregunta Erica.

En mi regazo tengo una cartulina grande laminada donde figuran las letras del alfabeto. También hay palabras y expresiones de uso a menudo, como «GRACIAS» y «QUIERO». Ahora que sé deletrear mejor uso mucho este tablero del alfabeto, porque no siempre resulta práctico llevar encima el ordenador. Sin embargo, aunque aún me cuesta leer, escribir me resulta más sencillo, por el motivo que sea; no sé por qué. A lo mejor es porque escribir conlleva dividir las palabras en las letras que las componen y sus formas, en lugar de leer toda una cadena de símbolos que se han fusionado para formar una palabra.

«Espero que sí —contesto a Erica mientras señalo las letras que tengo delante—. De verdad que sí.»

—Creo que lo conseguirás.

«¿Y eso?»

—¡Porque eres brillante, Martin!

Yo no estoy tan seguro. Estar en una oficina me ha revelado lo enormes que son las lagunas en mi conocimiento. Al no tener recuerdos de mi educación formal, mi cerebro es un vertedero donde se apilan fragmentos de información, sin que tenga ni idea de dónde vienen. En muchos sentidos, ahora me siento más inadaptado que antes.

Mamá y papá nos están esperando cuando Erica y yo llegamos al Centro, y entonces los tres nos dirigimos a ver a la profesora Alant.

—Debo serles sincera y decirles que a menudo las situaciones como ésta no funcionan —nos dice en cuanto mis padres se han sentado.

Se me encoge el corazón.

—Pero, aun así, nos gustaría ofrecerte un empleo con sueldo en nuestro Centro, Martin —añade la profesora Alant con una sonrisa—. Creemos que puedes ofrecernos una ayuda muy valiosa al trabajo que hacemos, y nos gustaría que pasaras a ser un miembro asalariado del personal y trabajases aquí un día a la semana. ¿Qué te parece?

—¡Es una noticia estupenda! —exclama mi padre.

Me brinda una gran sonrisa, y mi madre también está exultante.

—Pero esta oferta tiene sus condiciones, porque si pasas a formar parte de nuestro personal, tendrás que ser todo lo independiente que te sea posible —añade la profesora Alant—. Haremos todo lo que podamos para ayudarte a conseguirlo, pero la única cosa que necesitas y nosotros no podemos ofrecerte es una silla de ruedas eléctrica que puedas manejar tú solo.

»Ahora necesitas que alguien empuje tu silla de ruedas, pero eso no será posible cuando estés trabajando con otras personas.»

Mientras la profesora Alant habla, yo asiento.

—El motivo por el que te digo esto, Martin, es porque tu trabajo en el Centro no irá bien si tienes que depender de otros compañeros que te ayuden.

Miro a mis padres, rezando para que aprueben esta condición.

—Lo entendemos —dice mi madre—. Estoy segura de que Martin estará encantado de hacer todo lo que pueda por ayudar. Este empleo significa mucho para él.

Asiento.

—Hay otra cosa —dice la profesora Alant—. Creo que debes plantearte proyectar una imagen más profesional, y te sugiero que te pongas, por ejemplo, una camisa y unos pantalones.

Me quedo mirando mi camiseta y mis pantalones cortos, tan familiares. Mi madre abre y cierra la boca como una carpa dorada.

—¿Te parece aceptable? —pregunta la profesora Alant.

Mis dedos señalan una palabra impresa en mi tablero alfabético.

«Sí.»

—Entonces está hecho —dice, sonriendo—. Bienvenido al equipo, Martin. Espero el momento de verte la semana que viene.

Mi padre empuja mi silla al pasillo, pero nadie dice nada hasta que estamos a una distancia prudencial.

—¿Tu ropa? —exclama mi madre con incredulidad—. ¿Qué problema hay con tu ropa?

Parece que está un poco enfadada. Mamá siempre me ha comprado la ropa, y yo nunca le he dado mucha importancia.

—¿Y habéis oído lo que dijo, eso de que las situaciones como ésta no suelen funcionar? —prosigue mamá—. ¿Qué quería decir?

—Creo que sólo nos estaba diciendo que emplear a alguien con una discapacidad puede suponer un reto —dice mi padre suavemente.

—Bueno, pues eso será porque nunca había conocido a alguien como Martin, ¿no? —estalla mi madre—. ¡Si alguien puede hacerlo, es él! Se lo demostrarás, ¿a que sí?

Mis padres me observan mientras llegamos a la puerta delantera del Centro. Han pasado casi dos años desde nuestra primera visita para que me examinasen.

—Bueno, te dejaremos que sigas adelante con tu día —dice papá mientras me aprieta el hombro, y noto cómo sus dedos me aferran con fuerza para expresar sin palabras la emoción que le embarga.

—Demostrarás a quien tenga dudas que se equivoca, ¿no, hijo? —dice mamá, sonriendo—. Sé que lo harás.

Cuando les miro, me invade la felicidad. Espero hacerles sentir orgullosos.

25

En el mar

Cuando yo era invisible apenas captaba algún atisbo aislado de los sentimientos de mi padre. Una vez, cuando entró en el salón después de que todos los demás se hubieran ido a dormir, percibí en medio de la oscuridad su desesperanza.

—¿Martin? —me dijo mientras me miraba.

Por supuesto, yo estaba callado, así que papá se sentó en una silla y empezó a hablar. Allí sentado, mirando por la ventana la noche al otro lado del cristal, me habló de su infancia en el campo. De pequeño mi abuelo, GD, siempre quiso ser granjero, pero acabó trabajando en las minas. Aun así, intentó contribuir al máximo al sustento de su familia cultivando alimentos como patatas, guisantes y cebollas, y recogiendo la miel de sus colmenas. También tuvo vacas que le daban leche, nata y mantequilla, y uno de esos animales había inducido a mi padre a realizar un acto de rebelión cruel e infantil que nunca había olvidado. Ahora, en medio del silencio nocturno, me contó el episodio.

—Le pegué a una de las vacas con un palo —me dijo papá en voz baja—. No recuerdo por qué lo hice, pero le hice un corte en un párpado. No debí hacerlo.

Guardó silencio por unos instantes.

—Pero, por el motivo que sea, ahora no puedo dejar de pensar en ello, y creo que es porque cuando recuerdo aquel día me doy cuenta de que aquella vaca reaccionó mucho más que tú, que eres mi hijo. No logro entender por qué es así. ¿Cómo es posible que año tras año sigas tan callado?

La respiración de papá se había convertido en una serie de jadeos ahogados. Yo quería consolarle, pero no podía hacer nada, y él se quedó sentado en silencio hasta que su respiración volvió a normalizarse. Entonces se puso en pie y se inclinó para darme un beso en la frente, y sentí sus manos que me rodeaban suavemente la cabeza. Las mantuvo así unos segundos, como hacía todas las noches.

—Vamos a la cama, chaval —dijo.

Ésa fue la única vez en todos los años que cuidó de mí solo en la que mi padre me dejó entrever lo desesperado que se sentía a veces. Pero no me di cuenta de hasta qué punto me había sostenido su fortaleza inconmovible hasta que fui de vacaciones por primera vez con mi familia, cuando ya tenía veinticinco años.

Normalmente, cuando ellos se iban, yo permanecía en un centro de salud, pero esta vez me llevaron con ellos de viaje a la playa. Estaba muy emocionado. No recordaba haber visto el mar en toda mi vida, y aquella masa enorme y agitada me dejó sin respiración. No sabía si sentir asombro o miedo. El mar me repelía tanto como me fascinaba. Con el paso de los años, he aprendido a disfrutar la manera en que el agua levanta y sujeta mi cuerpo, liberándome de una manera que nada más puede lograr. Pero siempre me daba miedo pensar que yo carecía de defensas frente a él, y que si empezase a hundirme no podría mover las piernas o agitar los brazos lo suficiente como para mantener la cabeza fuera del agua.

Cuando mi padre acercó más mi silla de ruedas a la orilla, y escuché el golpeteo de las olas, sentí emoción y miedo a partes iguales. Entonces me ayudó a ponerme en pie y comenzamos a avanzar, arrastrando los pies por la arena, hacia el agua. Pero cuanto más me acercaba a ella, más miedo sentía, y seguramente mi padre se dio cuenta.

—Relájate, Martin —me dijo una y otra vez mientras las olas empezaban a lamerme los pies.

Pero yo no le oía. La adrenalina me recorría el cuerpo; cuando me enfrenté al mar, mi impotencia me resultaba más aplastante que nunca antes. Sabía que, si le apetecía, me podría llevar con mucha facilidad.

Mi padre me condujo unos pocos pasos vacilantes más entre las olas.

—Estás a salvo —me decía sin cesar.

Pero cuando el mar se cerró en torno a mis pies y mis piernas yo estaba aterrado. Estaba seguro de que me iba a arrastrar, y yo no tendría más opción que dejarme llevar. De repente, sentí que papá se me acercaba más.

—¿De verdad piensas que te dejaría ir? —me gritó por encima del rugido de las olas—. ¿Crees que después de todos estos años dejaría que te pasara algo ahora?

»Estoy aquí, Martin. Te tengo. No dejaré que te pase nada. No hay por qué tener miedo.»

Y fue sólo en aquel instante, cuando sentí los brazos de mi padre que me mantenían recto y su fuerza que me sostenía erguido, cuando supe que su amor era lo bastante fuerte como para protegerme de un océano.

26

Ella regresa

Abro mis ojos en la oscuridad. El corazón me late con fuerza. Me domina el terror. Quiero chillar, aullar, expulsar a gritos el miedo que corre frío por mis venas.

Vuelvo la cabeza para ver el reloj.

Son las cinco de la mañana, es la cuarta vez que me he despertado esta noche, y sólo han pasado cuarenta y siete minutos desde que abrí los ojos la vez anterior para huir de mis sueños. Hoy son especialmente malos. Me pregunto si acabarán alguna vez. Éstos son los momentos en los que me siento más solo, cuando el mundo duerme en paz y yo me despierto envuelto por la luz grisácea de un alba vacía.

La pesadilla que me ha despertado esta vez no ha sido tan distinta de la anterior. Nunca lo es. Si mis sueños no fueran tan aterradores, serían aburridos de puro predecibles.

Ella estaba delante de mí, mirando mi rostro. Yo sabía lo que iba a hacer, y quería apartarla de mí, pero no podía. Mientras su rostro se acercaba, mis brazos pendían a ambos lados de mi cuerpo tan inertes como siempre. Sentía cómo el horror me escalaba la garganta, y deseaba rogar clemencia.

Entonces me desperté.

Ahora la mayoría de las noches me pasa esto. Por mucho que intento enterrar el pasado, éste se filtra por las grietas que no puedo llenar con pensamientos del trabajo y del hogar, tareas pendientes de hacer y cosas que quiero experimentar.

Lo que me agota es que las pesadillas ya no me acosan sólo de noche. Cualquier día hay mil interruptores diminutos que me acechan; son cosas que nadie más percibiría, pero instantáneamente me llevan de vuelta al pasado: unas notas cadenciosas de música clásica que suenan en un centro comercial hacen que vuelva al centro en el campo donde estaba enjaulado como un animal y anhelaba escapar.

«¡Es un lugar tan tranquilo!», solía decir mi madre cuando me dejaba en aquel lugar un tiempo.

Cuando entrábamos en el edificio, de un equipo de música situado en alguna parte brotaban las notas relajantes de Vivaldi o Mozart, y yo miraba a mi madre, rogándole que comprendiese lo que ocultaba la música.

Por eso escucharla ahora me retrotrae al pasado. O a lo mejor veo un coche que me recuerda al que conducía una persona que solía hacerme daño, y ya estoy allí de vuelta: el corazón a cien, el sudor que resbala frío por mi piel y mi respiración agitada.

Cuando esto sucede, nadie parece darse cuenta. ¿De verdad he aprendido a ocultar tan bien mis sentimientos que puedo esconder a la vista incluso un terror tan intenso? No entiendo cómo lo hago, pero el caso es que lo hago. Estoy totalmente solo mientras lucho por devolverme al presente, recordándome que el pasado está a mis espaldas.

Tumbado en la cama, mi corazón se va tranquilizando. Debo dormirme otra vez, a pesar del miedo que tengo a que me lleven de vuelta a aquel mundo que tanto intento olvidar. Mañana quiero estar despierto y alerta en el trabajo. No puedo permitir que lo que sucedió en otro tiempo arruine esta oportunidad que tengo. No puedo dejar que me hunda.

Cierro los ojos, pero aún veo su rostro.

27

La fiesta

La chica se contonea delante de mí. Tiene una mirada como embobada, y sonríe.

—Eres guapo —me dice—. Voy a flirtear contigo.

Unos altavoces atruenan con música. El ritmo es como el de un martillo, y la sala está llena de estudiantes a los que no conozco. Estoy en una fiesta en el recinto de la universidad con Erica y otros amigos llamados David e Yvette, a los que conocí a través de ella.

No me acabo de creer que esté aquí. El tema de la fiesta es «la selva», y yo estoy vestido como su rey, con hojas de plátano que forman una corona que llevo en la cabeza. Incluso he probado el alcohol por primera vez; después de que un montón de gente me preguntase si quería algo, le pedí a Erica que me trajera un cubata de ron.

—¿Qué te parece? —me preguntó sonriente cuando le di el primer sorbo.

El alcohol me llenó la boca antes de hacer que me cosquilleara la nariz. Era fuerte y acre. No me gustó el sabor. Sonreí a Erica con cara de poco entusiasmo; ella iba vestida con un *sarong* y llevaba a su mono de peluche, *Maurice*, colgado del cuello. Incliné la cabeza hacia delante para acabarme la bebida. Quería librarme de aquel brebaje que sabía raro cuanto antes.

—¡A sorbos! —exclamó Erica antes de echarse a reír.

Di otro trago a aquella bebida y me la tragué rápidamente.

—¿Te traigo una Coca-Cola? —preguntó Erica.

Le sonreí y luego ella desapareció entre la multitud, y me pregunté si volvería a encontrar el camino hasta mí o si se acercaría alguien más a charlar conmigo. Llevaba en mi regazo el panel del alfabeto, listo para charlar, pero no estaba seguro de que nadie me viera allí sentado, porque la sala estaba hasta los topes. Entonces me encontró la chica que ahora tengo justo delante.

—¿Qué signo del Zodiaco eres? —me pregunta mientras se inclina hacia mí.

Lleva un vestido dorado y unas alas de mariposa en la cabeza. Tiene el cabello oscuro y una boca repleta de dientes blancos. Es guapa y tiene unos ojos bonitos.

«K-A-P-P-R-Y-K-O-R-N-O», deletreo en el tablero.

—¿Capr… qué?

«K-A-P-P-R-Y-K.…»

—¡Ah! ¿Quieres decir Capricornio?

Asiento con la cabeza. Aún sigo escribiendo muy mal. Si quieren comunicarse conmigo, los demás tienen que cambiar el chip.

—No vamos bien —dice la chica—. Yo soy Libra.

¿Qué quiere decir? Me la quedo mirando pensando en qué decir. Está borracha. ¿Por qué me habla de astrología? ¿Se supone que éste es el ruido de fondo que debo llenar antes de pedirle una cita? No sé nada de cómo se relacionan los hombres y las mujeres. Lo único que he visto ha sido en la tele o en momentos robados de las vidas de otros. Pero lentamente voy descubriendo que hablar con las mujeres de cualquier otra forma que no sea como amigas es como usar un idioma que apenas sé que existe, y mucho menos hablo. ¿La chica que tengo delante está flirteando, como me prometió que haría?

Por supuesto, dispongo de palabras con las que hablar a las mujeres, las representaciones lingüísticas sobre el sexo y las relaciones que mamá y yo introdujimos en mis parrillas de palabras. Era inevitable que llegásemos a un tema que está sólo a un paso de palabras como «abrazo» y «beso». Y a pesar de que mi madre fue la persona encargada de facilitarme el vocabulario nuevo, supe que yo quería tenerlo, porque el sexo me intriga tanto como a cualquier hombre de veintipocos años. Puede que la gente piense que alguien como yo es asexuado, pero se equivocan.

Durante los primeros días de mi consciencia, contaba las horas hasta que ponían por la tele una telenovela dramática francesa, los fines de semana, porque en ella veía a mujeres que llevaban unos corsés tan apretados que sus pechos casi se les salían por el borde. Verlas me hacía consciente de una sensaciones que antes nunca había tenido, y me gustaban. Entonces mi consciencia sexual me dijo que no estaba totalmente muerto. Es algo en lo que he pensado más desde que he aprendido a comunicarme, con la esperanza creciente de que un día una mujer quiera estar conmigo.

—¿Por dónde empezamos? —dijo mamá, con su voz más decidida, aquel día que nos sentamos a rellenar mi nueva parrilla de palabras—. ¿Erección?

Al menos ésa no me la tenía que explicar. Yo las tenía como cualquier otro.

—Vagina.

Ésta tampoco necesitaba una descripción. Por el camino yo había recabado más palabras sobre el mismo concepto.

Pero yo juraría que mamá cada vez levantaba más la voz, y recé para que David no descubriese lo que estábamos haciendo.

—¡Orgasmo! —exclamó mamá—. Eyaculación. Esperma.

Me puse rojo como un tomate y sacudí las manos para rogarle a mi madre que parase.

—¡No, Martin! —me dijo—. Tienes que saber todo esto. Es importante.

El tiempo se detuvo mientras mi madre seguía pronunciando palabras del vocabulario sexual. Con cada segundo que pasaba, yo deseaba más y más que parase, incluso cuando yo mismo clamaba en contra de convertirme en rehén repentinamente involuntario de su deseo de asegurarse de que yo estuviera bien informado. Fue sólo cuando mamá decidió que ya era suficiente cuando pude pedirle que escondiera la parrilla bien, metida entre las otras, donde solamente yo pudiera encontrarla.

Entonces sospeché que no usaría mucho aquella parrilla, y ahora, mientras observo a la chica que tengo delante, sé que no lo haré. Las palabras de las que dispongo son demasiado frías y clínicas. Parece que hablar con las mujeres consiste más en comprender las pausas entre las palabras que en las propias palabras, interpretando los matices silenciosos que son tan importantes. Pero no tengo ni idea de cómo se hace. ¿Espera esa chica que la bese? Y, si es así, ¿qué hago? ¿Quiere que me aproxime más a ella o me espero aquí sentado hasta que me bese? Y si se acerca, ¿cómo la beso? Nunca antes he besado a nadie. La lista de preguntas en mi mente se va haciendo más y más larga hasta que casi se viene abajo, como cuando un ordenador se cuelga si le pedimos demasiadas cosas a la vez.

—¿Sabes que los Capricornio y los Libra son incompatibles? —me pregunta la chica de repente.

La verdad es que no entiendo de qué me está hablando. Decido cambiar de tema.

«¿Qué estudias?», deletreo en mi tablero.

—Económicas.

No estoy seguro de qué pinta tienen los economistas, pero no creo que normalmente lleven alas de mariposa en la cabeza. Me quedo callado mientras me pregunto qué decir y la chica revolotea delante de mí.

—Me voy a hablar con mis amigos —dice de repente—. Adiós.

Cruza la sala a toda prisa y me quedo solo otra vez. ¿Lo entenderé alguna vez? Paseo la vista por la sala y veo a hombres y mujeres que bailan y charlan, que se ríen de los chistes que se cuentan y acortan la distancia entre ellos. Una pareja se besa, y otro hombre rodea con su brazo los hombros de una joven. Me pregunto si alguna vez aprenderé el código que me permitirá acceder al mundo.

—¿Estás bien?

Es Erica. Al menos con ella las cosas son sencillas, porque los dos sabemos que entre nosotros no hay nada más que una amistad. Erica ocupa un lugar especial en mi corazón porque durante los últimos tres meses me ha enseñado buena parte de lo que tiene que ofrecer el mundo.

Antes de conocernos, mis padres hacían cosas conmigo, como llevarme de tiendas o al cine. Sabía que nunca iba a olvidar esos primeros instantes, sumidos en un mundo crepuscular, cuando la gente miraba hacia arriba y comenzaba a sonar la música, y unos rostros del tamaño de rascacielos aparecían en la pantalla delante de mí. Casi no me creía que fuese real. Entonces, ¿por qué todos los que me rodeaban estaban tan inexpresivos? No percibía fascinación ni deleite en sus rostros, y me preguntaba si es posible acostumbrarse hasta tal punto a la alegría que uno deja de detectarla.

Pero con Erica he visto cómo viven las personas de mi edad. He experimentado la diversión de comerse una hamburguesa en el McDonald's, de desperdiciar una tarde paseando por un centro comercial y de probar galletas recién salidas del horno. También hemos estado en jardines botánicos y en un orfelinato, donde achuchamos a bebés abandonados que morirían si no tuvieran un contacto humano cariñoso. Entiendo bien esa sensación.

Todo me sorprende, y parece que Erica disfruta enseñándomelo. Es una persona especial, la primera que he conocido que, aparte de mi familia y de quienes cobran por cuidarme, acepta mis limitaciones físicas sin cuestionárselas. Con Erica, sé que aquéllas no son más que una parte de lo que me define, no el todo, y me trata como lo haría con cualquier otro amigo. Nunca ha dicho una sola palabra o me ha echado una mirada que me haya hecho sentir una carga que le da vergüenza soportar. Incluso cuando me he quedado en su apartamento y ha tenido que levantarme y llevarme al baño o vestirme, lo ha hecho con facilidad. La asistencia que se presta sin que guste hacerlo se detecta fácilmente, pero con Erica esto no es un problema. Quizá por eso duermo horas y horas cuando estoy en su piso, libre de mis pesadillas durante una preciosa noche.

—¿Listo para irnos? —pregunta Erica.

Nos vamos de la fiesta con David e Yvette y cruzamos la calle hasta el piso de Erica. Cuando llegamos al tramo de escalones que sube al apartamento, David y Erica me levantan de mi silla y aguantan mi peso mientras subimos lentamente las escaleras, escalón a escalón. Sonrío mientras escucho a los otros hablar sobre quién hizo qué, dónde y con quién. Ojalá comprendiera todo lo que dicen.

—Siento que no haya sido la mejor primera fiesta —dice Erica cuando entramos en su piso—. La música era espantosa, ¿no?

No tengo ni idea, pero ha sido una fiesta inolvidable.

28

Henk y Arrietta

El amor entre un hombre y una mujer siempre me ha interesado: el modo en que fluye y refluye como un organismo vivo, o cómo se revela mediante sonrisas secretas o conversaciones ansiosas. Quizá siempre me ha resultado tan atractivo porque era el recordatorio más evidente de lo solo que estaba yo.

La primera vez que vi el amor fue poco después de recuperar la consciencia. En aquella época una mujer llamada Arrietta trabajaba a tiempo parcial en mi centro de día, y su hijo, Herman, también asistia al centro. Arrietta tenía una hija llamada Anya, que debía tener poco más de tres años, y aquel día en concreto estaba con nosotros en el centro mientras esperábamos la llegada de mi padre. Yo sabía que el esposo de Arrietta, Henk, llegaría pronto para llevar a su familia a casa, igual que sabía que sentiría mariposas en el estómago cuando lo hiciera, porque así podría ver la pistola que siempre llevaba al cinto. Henk era policía, y por muchas veces que viera la pistola, no me podía creer la suerte que tenía de ver una de verdad tan cerca.

Henk sabía que Arrietta tendría que quedarse hasta que me recogiesen, cuando me vio tumbado en un colchón en el suelo. Vi cómo le daba un beso a su mujer antes de sentarse a una mesa a esperar, y abrir el periódico como hacía siempre. Herman y Anya estaban jugando fuera, en el porche. Cuando Arrietta salió a la luz del sol para ver qué hacían, vi cómo el contorno de sus pechos se dibujaba a través del tejido fino de su blusa.

—¿Has tenido un buen día? —preguntó Henk a Arrietta cuando ésta volvió a entrar.

—Largo —contestó ella mientras empezaba a guardar algunos juguetes.

Permanecieron en silencio unos minutos.

—De camino a casa tenemos que parar en el supermercado —dijo Arrietta distraídamente—. ¿Qué te gustaría cenar?

Henk la miró.

—A ti —dijo, con un tono de voz un poco más grave que el habitual.

¿Cómo podía comerse Henk a Arrietta? No entendí lo que quería decir. Ella dejó lo que estaba haciendo y le miró, echando una risita suave.

—Tendremos que arreglar eso —dijo.

De repente pareció que el tiempo se había detenido mientras Henk y Arrietta se sonreían mutuamente. Yo sabía que estaba presenciando algo nuevo: el mundo secreto de los adultos que, a medida que me hacía mayor, empezaba a sospechar que existía. Igual que mi cuerpo cambiaba y las sillas que usé durante años se habían quedado pequeñas poco a poco, mientras empezaban a afeitarme regularmente, había captado atisbos de cosas entre los adultos que antes no había visto. Aquello me intrigaba.

Había algo en las voces de Henk y Arrietta, su cualidad aterciopelada y la sonrisa que compartieron. No entendí qué era, pero el aire entre ellos vibró durante aquellos breves instantes, cuando Henk miró a su esposa y ella sonrió. Luego sus miradas se apartaron y el momento se esfumó.

—Háblame de ellos —dijo Henk a Arrietta mientras señalaba con un gesto a la habitación vacía.

Habían retomado sus personalidades ordinarias con la misma rapidez con la que habían visitado un lugar que yo no reconocí.

—¿De quién?

—De los niños que hay aquí. Vengo todos los días y no sé nada de ellos.

Arrietta se sentó al lado de Henk y empezó a hablar de algunos de los chicos que yo conocía tan bien: de Robby, que había resultado herido cuando el coche de su padre chocó con un camión de transporte de carbón, y que ahora se pasaba varias horas al día llorando.

De Katie, que nació con un síndrome degenerativo y a quien le gustaba tanto la comida que le habían puesto el apodo de la «gordita»; le habló de Jennifer, que había nacido con un cerebro del tamaño de un huevo de gallina después de que su madre enfermase durante el embarazo, y que chillaba de regocijo cada vez que veía llegar a su padre al final de cada día; Elmo, Jurike, Thabo y Tisan; Doorsie, Joseph, Jackie y Nadine, cada uno de los cuales tenía su propia historia que contar. Luego estaban los niños que entraron y salieron tan rápido que nunca supe sus nombres, como aquella niña pequeña que nació con dificultades de aprendizaje y fue violada por un tío, que remató su crueldad quemándole los genitales.

—¿Y él? —dijo Henk al final mientras me señalaba.

—¿Martin?

—Sí.

Arrietta le contó mi historia, y Henk escuchó en silencio hasta que hubo concluido.

—Su caso es el más triste —dijo mientras me miraba.

—¿Por qué?

—Porque no nació así. Estaba sano, y sus padres tuvieron que ver cómo su hijo sufría sin saber por qué. No sé si yo podría soportarlo.

Arrieta le rodeó con el brazo y los dos me miraron.

—Ninguno sabemos lo que podemos soportar hasta que tenemos que hacerlo —le dijo con cariño.

29

El sanador

Despues de ver el mundo secreto de Henk y Arrietta, anduve a la búsqueda del amor porque me daba cuenta de que lo que había visto era infrecuente. Era algo distinto a todo lo que había conocido, y esperaba captar otro atisbo de lo mismo. Aunque tuve que esperar, cuando tenía unos diecinueve años volví a ver un ejemplo del amor.

Sucedió cuando mi padre tuvo una reunión de negocios con un hombre al que no conocía, y éste se volvió hacia papá mientras almorzaban juntos tras la reunión.

—¿Cómo está su hijo? —preguntó.

—¿Cuál de ellos? —contestó mi padre, sorprendido.

—El que está muriéndose —repuso aquel hombre.

A papá le recorrió un ramalazo de ira al ver que le preguntaban por la parte más privada de su historia familiar. Pero en aquel hombre había algo que le picó la curiosidad, y por la noche oí cómo hablaba con mamá de aquella conversación.

—Quiere ver a Martin —dijo papá mientras yo le escuchaba—. Practica la sanación por la fe y cree que puede tratarle.

Mi madre no tenía motivo alguno para negarse, porque hacía mucho tiempo que había aceptado que la respuesta al misterio de mi enfermedad no podría ofrecerla nunca la medicina tradicional. De modo que, unas semanas más tarde, papá me llevó a un apartamento en los suburbios, donde nos aguardaba un hombre bajo, barbudo y de pelo gris.

Me dijo que se llamaba Dave, y de inmediato detecté que era buena persona: sus ojos estaban llenos de luz al mirarme. Me levantaron de la silla de ruedas y me tumbaron en una cama. Entonces Dave se quedó totalmente callado, con los ojos cerrados, y puso las manos a unos pocos centímetros por encima de mi pecho. Empezó a desplazarlas arriba y abajo por encima de mi cuerpo, siguiendo el contorno de mis miembros marchitos, pero sin entrar en contacto con ellos. Sentí cómo me recorrían la piel oleadas de calor.

—El aura de su hijo se ha roto —dijo por fin Dave a papá—. Es infrecuente, pero sucede cuando ha tenido lugar un acontecimiento traumático.

Dave volvió a guardar silencio y durante la hora siguiente sólo habló una vez, para decirle a mi padre que pensaba que yo tenía algún problema estomacal, porque detectaba dolor en ese punto. Yo no comprendía cómo sabía lo que ignoraban todos los médicos, y eso me dio miedo. Pero Dave no dijo nada más, volvió a sumirse en el mutismo y siguió trabajando.

Cuando por fin acabó, mi padre le preguntó:

—¿Puedo pagarle por su tiempo?

—No —repuso él. A pesar de que siguió viéndome cada semana durante los tres años siguientes, nunca pidió ni un centavo a mis padres. Era como si Dave sintiera el llamado a tratarme, una creencia tan intensa que le impulsaba a actuar.

Cada vez que le veía, una mirada de concentración absoluta dominaba su rostro, mientras intentaba abrir el profundo repositorio de energía sanadora que creía que albergaba mi propio cuerpo. Moviendo las manos en el aire por encima de él, hacía un mapa del aura que, según decía, sentía que mi enfermedad había perjudicado. Con su rostro inmóvil, apacible y relajado, con los ojos siempre cerrados, se concentraba en sanarme. Entonces, cuando acababa el tratamiento, su cara volvía a estar tan animada como siempre.

Los meses se convirtieron en años y, por lo que veía la gente que me rodeaba, mi estado no había mejorado. Pero la fe de Dave nunca vaciló. Aún me visitaba una semana tras otra, y se inclinaba para situar sus manos por encima de mí con la mirada de paz y de concentración más intensa que yo haya visto jamás.

Poco a poco fui esperando cada vez con más ganas el momento de verle, porque a medida que pasaba el tiempo empezó a hablarme mucho, riéndose y bromeando conmigo, contándome historias sobre leones y animales que yo deseaba que algún día pusiera por escrito en libros infantiles. Sus palabras navegaban por un arroyo tranquilizador de sonrisas y chistes cuando me tumbaban en la cama y él trabajaba para sanarme.

Fue unos dos años después de conocer a Dave cuando él se casó con una sanadora llamada Ingrid y los dos empezaron a tratarme juntos de vez en cuando. Una mañana, cuando estaba tumbado observándolos, de repente detuvieron lo que estaban haciendo y se quedaron mirándose, y de repente el mundo se detuvo como cuando Henk y Arrietta intercambiaron sus miradas. No había ningún motivo para que Dave e Ingrid hicieran una pausa, ningún indicio de lo que iba a suceder. Pero igual que una pelota pende en el aire unos instantes de más antes de caer hacia tierra, el tiempo se ralentizó. La emoción restallaba entre Dave e Ingrid mientras se sostenían la mirada y se inclinaban hacia delante para darse un beso.

—Te quiero —murmuraron antes de sonreír.

Supe que había vuelto a atisbar aquel mundo secreto, y pensé que ojalá lo entendiera. No sabía qué pasaba entre dos personas. Me parecía algo extraño y misterioso, como una alquimia que provocaba la existencia de algo. Pero a pesar de que fue la única vez que lo vi suceder entre Dave e Ingrid, más tarde supe que siempre estuvo ahí.

Un fin de semana, más o menos seis meses después, papá y yo llegamos al camino de entrada de Dave y vimos un coche desconocido aparcado. Un Mercedes.

—¿Te ha tocado la lotería, Dave? —preguntó mi padre sonriendo mientras me sacaba del coche.

—¡No! —contestó Dave—. Es el coche de mi jefe. Este fin de semana se iba fuera con su esposa y les he llevado al aeropuerto. Los recogeré mañana.

Él y mi padre empezaron a hablar sobre los acontecimientos de un mundo muy lejano mientras me llevaban al interior del piso.

—¿Has visto las imágenes en televisión? —preguntó Dave a mi padre—. ¡Es increíble!

Yo sabía de qué estaban hablando. La princesa Diana había muerto en un accidente de coche, y la oleada de emociones que había provocado esa muerte había inundado las pantallas de televisión de toda Sudáfrica. Yo había visto las imágenes de incontables flores apiladas en un jardín palaciego británico, y ahora pensé en ellas: fue un océano de amor para una mujer, una persona que había tocado tantas vidas.

Después de que Dave acabara su tratamiento, me dijo que nos veríamos la semana siguiente y luego se despidió. Pero dos días más tarde Kim vino a buscarme a mi centro de salud y cuando volvimos a casa nos encontramos a nuestros padres esperándonos. Supe de inmediato que había sucedido algo terrible.

—Dave ha muerto —le dijo mi padre a Kim apresuradamente, mientras me ayudaba a salir del coche.

Sentí que me dolía el pecho mientras escuchaba a mis padres contarle a Kim lo sucedido. La noche anterior, Dave e Ingrid habían subido al Mercedes para ir al aeropuerto a recoger al jefe de Dave y a su esposa, como les habían prometido. Pero cuando hicieron marcha atrás en su camino de entrada, unos hombres se les pusieron delante y le exigieron que les diera el coche. Bajo la luz de los focos del vehículo, Dave vio que iban armados con pistolas.

Los ladrones también querían las joyas, y Dave, en silencio, les dio su reloj y su alianza de boda, con la esperanza de que fuera suficiente para que se fueran. Pero de repente, sin previo aviso, uno de los hombres apretó el gatillo y esa única bala atravesó la frente de Dave. Mientras caía hacia delante, un segundo coche aparcó al lado, y los ladrones se subieron a él. Dave sobrevivió sólo unas horas después de que lo llevasen en helicóptero al hospital, y a los ladrones no los pillaron nunca.

—¡Es terrible! —dijo mi madre con tristeza—. ¿Cómo pudieron hacerlo? Era un buen hombre.

Al escuchar las noticias me faltó el aire; era incapaz de creer que la vida de Dave hubiera acabado con tanta brutalidad. Pensé lo injusto que era que yo me aferrase a la mía, incluso cuando en ocasiones no había querido, y Dave, que amaba tanto la suya, la hubiera perdido. Entonces pensé en Ingrid y en el amor que había extinguido una bala. Aún no comprendía del todo lo que había visto entre ella y Dave unos meses antes, pero instivamente supe que el dolor que ella sentiría por su pérdida sería casi insoportable.

30

Saliendo de la jaula

Aprender a comunicarse es como viajar por una carretera y descubrir que el puente que necesitas para llegar al otro lado del río se lo ha llevado una riada. A pesar de que ahora cuento con miles de palabras en mis parrillas, aún quedan algunas en las que pienso, pero que no figuran en ellas. Y cuando las tengo, ¿cómo hago para tomar un pensamiento y convertirlo en símbolos o para sentir una emoción y atraparla en una pantalla? Hablar consiste en mucho más que palabras, y estoy descubriendo que me es casi imposible dominar su flujo y reflujo, su ritmo y su danza.

Piensa en ese hombre que arquea las cejas cuando el camarero le trae la cuenta del restaurante por la comida de cumpleaños que acaba de celebrar con su esposa.

—¡Tiene que ser una broma! —dice cuando la mira.

Cuando su esposa le oye, sabrá por su tono y su mirada si sus palabras son una acusación furiosa sobre el dinero que no quiere gastarse o una broma afectuosa a una mujer en la que se gastaría hasta el último centavo. Pero yo no puedo pronunciar las sílabas con rabia o exclamarlas con alegría; mis palabras nunca tiemblan de emoción, nunca surgen a la expectativa de una carcajada antes del final de un chiste, nunca bajan su tono a modo de amenaza. Amortiguo todas y cada una de ellas electrónicamente.

Después del tono llega el espacio. Solía pasarme horas soñando despierto con qué diría o manteniendo conversaciones inacabables en mi mente. Pero ahora que puedo hablar, no siempre tengo ocasión de decir lo que quiero. La conversación conmigo es lenta y requiere un tiempo y una paciencia que muchas personas no tienen. De entrada, y el detalle es importante, es preciso que la persona espere sentada a que yo introduzca símbolos en mi ordenador o señale letras en mi tablero alfabético. Como a la gente le cuesta soportar el silencio, a menudo no me hablan.

Ya llevo más de seis meses trabajando; tengo amigos y compañeros de trabajo; conozco a desconocidos cuando salgo al mundo, e interactúo con todas esas personas. Al hacerlo, he descubierto que las voces de las personas discurren formando un ciclo totalmente integrado, y que las frases se solapan una con otra mientras hablan. Pero yo interrumpo el ritmo, lo vuelvo pesado. Las personas deben hacer un esfuerzo consciente para mirarme y escuchar lo que tengo que decirles. Deben darme espacio para que hable, porque no puedo interrumpirles, y muchos no quieren escuchar el silencio que creo mientras esperan que introduzca palabras en el ordenador. Entiendo por qué les cuesta tanto. Vivimos en un mundo en el que raras veces predomina el silencio. Casi siempre hay una televisión o una radio encendidas, un teléfono o el claxon de algún coche, sonidos que llenan los huecos, y si no siempre tenemos la charla intrascendente. Pero mantener una conversación conmigo consiste tanto en los silencios como en las palabras, y yo detecto si mi interlocutor escucha o no mis palabras, porque las elijo cuidadosamente.

No soy ni mucho menos tan hablador como pensaba que lo sería. Cuando mis familiares conversan a la hora del almuerzo, a menudo guardo silencio, y cuando mis compañeros hablan de lo que hicieron durante el fin de semana, a veces no participo. La gente no intenta ser desagradable; simplemente, no piensa en hacer una pausa y dejarme intervenir. Dan por hecho que formo parte de sus conversaciones por el mero hecho de que estoy en el mismo cuarto, pero no es así. El mejor momento en el que puedo hablar es con una persona que me conoce lo suficiente como para vaticinar lo que voy a decir.

—¿Quieres ir al cine? —dice Erica mientras yo señalo la «C» y la «I».

—¿Te parece mona? —pregunta cuando sonrío a una mujer que pasa.

—¿Agua? —pregunta cuando pongo en la pantalla del ordenador la lista de palabras relacionadas con la bebida.

Me gusta que Erica haga esto porque me atraen los atajos tanto como a cualquier otra persona. El mero hecho de que viva mi vida con tanta lentitud como un bebé que necesita baberos, biberones, pajitas y un sombrero antes de poner el pie fuera de casa no significa que todo esto me guste. Por eso me alegro cuando la gente que me conoce bien me ayuda a acelerar un poco el proceso. A otros parece preocuparles que yo me ofenda si me interrumpen mientras hablamos. ¡Si supieran lo que daría por disfrutar de esa esgrima lingüística que son las conversaciones que escucho a mi alrededor!

Muchas veces me pregunto si la gente piensa que tengo sentido del humor. El humor depende mucho del momento idóneo, la comunicación rápida y la ceja en alto, y a lo mejor puedo gestionar el tercer factor, pero los dos primeros son un problema importante. La gente tiene que conocerme bien para saber que me gusta bromear, y el hecho de que tan a menudo esté callado hace que les resulte fácil pensar que soy serio. A veces aún me parece que soy un personaje que los otros crean a su manera, porque, igual que pasaba durante todos los años en los que no podía comunicarme, en muchos sentidos sigo siendo una página en blanco en la que escriben su propio guión.

—¡Eres tan majo! —me dice la gente con frecuencia.

—¡Qué carácter más apacible! —me dice una persona tras otra.

—Eres una persona muy amable —comenta otra.

¡Si conocieran la ansiedad que me reconcome, la frustración ardiente y el deseo sexual angustioso que circulan a veces por mis venas! No soy ese mudo amable que a menudo piensan que soy; tengo la suerte de que no revelo sin querer mis sentimientos con ataques de ira ni gemidos de protesta. Muy a menudo me doy cuenta de que soy un blanco perfecto para lo que quieren pensar de mí otras personas.

La única vez que puedo garantizar que les interesa mucho saber lo que digo es cuando no estoy hablando con ellos. Los niños no son los únicos que manifiestan su voyeurismo innato fijando la vista en algo; los adultos lo disimulamos mejor. A menudo la gente me mira fijamente cuando voy deletreando palabras en el tablero, con unas manos que son, probablemente, la parte más caprichosa de mi cuerpo. Aunque en gran medida no me puedo fiar de mi mano izquierda, puedo usar la derecha para señalar las letras de mi tablero alfabético y presionar los pulsadores del ordenador. Pero no puedo sujetar algo firmemente, como una taza. A pesar de que usando un dedo puedo llevarme comida a la boca, no puedo sujetar un instrumento como un tenedor por miedo a clavármelo, dado que mis movimientos son impredecibles. Al menos ahora deletreo palabras en el tablero con tanta rapidez que a los desconocidos les resulta más difícil mirar por encima de mis hombros y se ven obligados a prestarme atención.

—¡Va demasiado rápido para mí! —dijo mi madre, riéndose, a un hombre que se nos había quedado mirando mientras hablábamos en la cola de un supermercado.

Cuando mamá se dirigió a él, aquel hombre parecía cohibido; seguro que pensaba que le íbamos a echar una bronca. Pero estamos tan acostumbrados a que otros nos escuchen que ni mi madre ni yo hacemos mucho caso. A pesar de estas dificultades comunicativas, sigo atesorando el hecho de que me dieran la oportunidad de hablar. Me dieron una oportunidad que aproveché, y sin ella no estaría donde estoy ahora. Mi rehabilitación es obra de muchas personas (Virna, mis padres, los expertos en el centro de comunicación aumentativa), porque sin su ayuda yo nunca habría podido hablar. Otros no tienen tanta suerte.

Hace poco, en el mismo supermercado en el que aquel hombre intentaba escuchar mi conversación con mamá, vimos a una señora a la que llevaban en una silla de ruedas. Debía rondar los cincuenta años. Pronto mi madre se puso a charlar con ella y con su cuidadora. Quizá la mujer usaba el lenguaje de signos o señalaba cosas, pero por algún motivo mi madre descubrió que había perdido el habla a consecuencia de una embolia.

—¿Sabe su familia la cantidad de cosas que puede hacer para ayudarla a comunicarse de nuevo? —preguntó mi madre a aquella señora antes de enseñarles mi tablero alfabético—. Hay muchas cosas que puede hacer, pero tiene que descubrirlas.

La cuidadora nos dijo que aquella mujer tenía una hija adulta. Mamá la invitó a que le explicase que había encontrado a alguien que le había contado todas las cosas que podía hacer por su madre.

—No hay motivo por el que usted ya no pueda volver a comunicarse con su hija —le dijo mamá a aquella mujer—. Lo único que tiene que hacer es encontrar el sistema que le funcione mejor.

Pero la siguiente vez que nos encontramos, la cuidadora nos dijo que la hija de aquella señora no había hecho nada de lo que le dijo.

—¿Por qué no me da su número de teléfono? —dijo mamá—. Estaré encantada de asegurarle que no tiene que abandonar la esperanza o hacer caso de lo que le digan los médicos.

Mientras la cuidadora anotaba el número de teléfono en un trozo de papel, miré a la mujer que estaba sentada delante de mí en su silla de ruedas.

«B-U-E-N-A-S-U-E-R-T-E», deletreé en mi tablero, y ella se me quedó mirando fijamente un buen rato.

Al cabo de unos días mamá entró en la sala de estar después de haber telefoneado a la hija de aquella mujer.

—No creo que le interesara nada de lo que le he explicado —me dijo—. No parecía que quisiera escucharme.

Ya no volvimos a hablar del tema. Los dos sabíamos que la mujer nunca escaparía de la camisa de fuerza que era su propio cuerpo; no iría a ninguna parte porque no se lo permitían. Guardaría silencio para siempre porque nadie iba a ayudarla a liberarse.

Después de ese día, a menudo pensé en la mujer y me pregunté cómo le iría. Pero siempre que lo hacía, recordaba sus ojos cuando me echó aquella mirada en el supermercado. Era una mirada de miedo. Ahora entiendo por qué.

31

El discurso

Apenas me creo que esté aquí. Estamos en noviembre del año 2003, y estoy sentado en un escenario bajo en una enorme sala de conferencias con mi colega Munyane, que acaba de dirigirse al público presente. Debe haber más de 350 personas esperando que yo hable. Ya llevo cuatro meses trabajando en el Centro para la Comunicación Aumentativa, y me han elegido para que dé una conferencia a profesionales de la salud.

Primero Munyane hizo una introducción a la comunicación aumentativa y alternativa, y ahora me toca hablar a mí. A pesar de que lo único que tengo que hacer es pulsar la tecla que hará que la voz de Paul Perfecto brote del sistema de sonido al que está conectado mi ordenador, no sé si podré hacerlo. Me tiemblan tanto las manos que no estoy seguro de que sea capaz de controlarlas.

De alguna manera, durante los últimos meses me he convertido en un conferenciante accidental, y mi historia incluso ha aparecido en los periódicos. Me ha sorprendido que en una sala llena de personas en una escuela o centro comunitario quieran saber algo de mí, y no se me ocurre cómo han venido tantos hoy. Ojalá Erica estuviera aquí para brindarme una sonrisa. Ha vuelto a Estados Unidos, y en los momentos como éste es cuando más la echo de menos. La amistad que tanto atesoraba debe expresarse ahora en correos electrónicos, y la puerta al mundo que ella me proporcionó se ha cerrado.

Debería haber imaginado que éste sería un acontecimiento importante cuando mamá y yo llegamos y nos ofrecieron un almuerzo dispuesto en una mesa donde había más platos de los que había visto en mi vida. La posibilidad de elegir exactamente lo que me apetecía comer fue casi demasiado para mí, y ahora que estoy delante del público, el pudín pegajoso y los rollitos con los que había rematado mi almuerzo son un lastre incómodo en mi estómago.

Munyane sonríe.

—Cuando estés listo —me susurra.

Acciono la pequeña palanca que controla mi nueva silla de ruedas eléctrica y me sitúo en el centro del escenario. Tal como predijo la profesora Alant, esta silla me ha hecho más independiente. Un mes antes de mi vigésimo octavo cumpleaños, por fin pude controlar adónde quería ir por primera vez en muchos años. Ahora, si quiero salir del salón porque la tele me aburre, puedo hacerlo; si decido dar una vuelta por las calles alrededor de la casa donde han vivido mis padres desde que yo era un crío, también puedo.

Conseguí la silla después de escribir una carta abierta en una página web a la que pertenezco, preguntando de qué manera podía lograr una, porque sabía que mis padres no podían permitirse comprarla. Durante los últimos meses he hecho amigos en países como Inglaterra y Australia, porque me he unido a grupos de Internet y he conocido a más personas de la comunidad CAA. Es una sensación extraña pero reconfortante saber que ahora tengo amigos en tantos lugares. Conocer a otras personas por medio de mi ordenador es una experiencia liberadora. Exploro el mundo, y las personas a las que conozco no ven mi silla de ruedas, solamente a *mí*.

Pero jamás imaginé que Internet fuera tan poderosa como resultó serlo después de que alguien en Canadá leyera mi carta; esa persona tenía a un pariente que vivía cerca de nosotros en Sudáfrica. Pronto se puso en contacto conmigo para decirme que su grupo, llamado Round Table, quería comprarme una nueva silla de ruedas con parte del dinero que habían recaudado para beneficencia. Las palabras no pueden expresar lo agradecido que estoy, aunque no estoy seguro de que todos los que me rodean estén igual de contentos.

Controlar mis movimientos por primera vez es interesante, y voy de un lado para otro como un niño que aprende a andar y a desplazarse independientemente. Disfrutando de mi recién adquirida libertad he chocado con puertas, me he caído de bordillos y les he pisado los pies a inocentes transeúntes.

También me he vuelto más independiente en otros sentidos. Mi colega Kitty, una terapeuta ocupacional, ha trabajado conmigo en esos pequeños detalles que hacen que mi vida laboral sea más fácil. Ahora dispongo de una manilla nueva en la puerta de mi oficina, lo cual quiere decir que puedo abrirla sin pedir ayuda. También he empezado a llevar pesas en mis muñecas para fortalecer los músculos y estabilizar los temblores de mis manos. Sigo muy familiarizado con el yogur líquido, lo cual significa que nadie tiene que darme de comer a la hora del almuerzo, y tengo la prudencia de no pedir nunca té o café a menos que alguien me lo ofrezca, porque no quiero ser una carga para nadie. Por lo que respecta a mi ropa, ahora llevo camisa y corbata. Espero que dentro de poco tendré mi primer traje.

La vida está cambiando de muchas maneras, pero quizá no haya ninguna tan aterradora como ésta. Vuelvo a pasear la vista por el público y me obligo a respirar hondo. Me tiemblan las manos, y centro mi voluntad en hacer que controlen mi ordenador. Girando levemente la cabeza a la izquierda, proyecto en la pantalla el rayo de infrarrojos del HeadMouse, y acciono uno de los pulsadores.

—Quisiera que todos se pusieran a pensar y reflexionaran de verdad en lo que supone carecer de voz o de formas de comunicarse —dice mi voz informática—. Nunca podrían decir «Pásame la sal» o transmitir a nadie las cosas realmente importantes, como «Te quiero». No le puedes decir a nadie que estás incómodo, que sientes frío o te duele algo.

»Durante un tiempo, cuando descubrí lo que me había sucedido, pasé por una fase en la que me castigaba a mí mismo de pura frustración, al ver la situación en la que me encontraba. Entonces tiré la toalla. Me volví total y absolutamente pasivo.

Espero que las pausas que he programado en mi discurso sean suficientes para permitir que el público siga el hilo de lo que les cuento. Resulta difícil escuchar un discurso robótico cuando uno está acostumbrado a voces que hacen pausas, suben y bajan de tono. Pero ahora no puedo hacer nada más. La sala está sumida en el silencio mientras cuento cómo conocí a Virna y las pruebas a las que me sometieron para evaluar el alcance de la enfermedad, la búsqueda de un sistema comunicativo y la cancelación de la caja negra. Luego les hablo de los meses de estudio dedicados al software, el dinero que mi abuelo GD dejó a mi padre cuando murió y que permitió a mis padres comprar el equipo que yo necesitaba, y el esfuerzo que he hecho para aprender a comunicarme.

—En 2001 estaba en un centro de día para discapacitados agudos físicos y mentales —digo—. Hace dieciocho meses, no sabía nada de ordenadores, era totalmente analfabeto y no tenía amigos.

»Ahora puedo manejar más de una docena de programas informáticos, me he enseñado a leer y a escribir y tengo buenos amigos y compañeros de trabajo en mis dos empleos.»

Contemplo las filas de rostros que tengo delante. Me pregunto si alguna vez podré hacer llegar mis experiencias a los demás. ¿Tienen límites las palabras? ¿Hay algún lugar al que pueden llevarnos después del cual se extiende la tierra de nadie de la incomprensión? No estoy seguro. Pero al menos debo albergar la esperanza de que, de alguna manera, pueda ayudar a la gente a entender, si lo desean. Hay muchos ojos centrados en mí, cientos de pares, y mi corazón late con fuerza mientras mi ordenador sigue hablando.

—Mi vida ha cambiado mucho —continúo—. Y aún estoy aprendiendo a adaptarme a ella, y aunque la gente me dice que soy inteligente, me cuesta aceptarlo. Mi progreso se debe a una gran cantidad de trabajo duro y al milagro que tuvo lugar cuando alguien creyó en mí.

Mientras contemplo tímidamente la sala, me doy cuenta de que nadie se remueve distraído ni bosteza. Todo el mundo guarda silencio y escucha.

—La comunicación es una de las cosas que nos hace humanos —digo—. Y tengo el privilegio de haber recibido la oportunidad de poder comunicarme.

Por fin guardo silencio. Se acabó el discurso. He dicho todo lo que quería decir a esta sala llena de desconocidos. Durante medio segundo todos están callados. Me quedo mirándolos, sin saber muy bien qué hacer. Pero entonces escucho un sonido: el de los aplausos. Al principio es suave, pero las palmas cada vez suenan con más fuerza, y veo cómo una persona tras otra se pone en pie. Uno tras otro, los espectadores se ponen de pie. Contemplo los rostros que tengo delante, esas personas que sonríen y ríen mientras aplauden, y entretanto yo ocupo el centro del escenario. Los aplausos siguen creciendo. Pronto me da la sensación de que el estruendo me engullirá. Bajo la vista a mis pies, y apenas me atrevo a creer lo que veo y oigo. Al final acciono la palanca de mi silla, que me lleva a un lado del escenario.

—¿Señor Pistorius?

Tengo delante a la mujer que ha traducido mi discurso a lenguaje de signos para los miembros sordos del público.

—Sólo quería decirle que es usted una inspiración —dice atropellándose—. Es un hombre realmente extraordinario. Haber experimentado lo que usted ha vivido y aun así ser tan positivo es un ejemplo para todos nosotros.

Me doy cuenta de lo emocionada que está, porque habla rápidamente, y leo en su rostro la intensidad de sus sentimientos.

—Gracias por contarnos su historia —dice—. Me siento orgullosa de haber estado aquí hoy.

Antes de que pueda responderle, llega otra persona a felicitarme, y luego otra y otra; los rostros que ríen y sonríen se suceden ininterrumpidamente.

—¡Ha sido maravilloso!

—¡Tan inspirador!

—Su historia es impresionante.

No sé qué decir. Estoy conmocionado e inseguro, aunque Munyane me sonríe para tranquilizarme. No acabo de entender por qué la gente reacciona de esta manera, pero mientras me hablan recuerdo a una madre a la que conocí hace poco, después de hablar en una escuela para niños con discapacidad. «Mi hijo estudia en este centro, y estaría orgullosa de que cuando sea mayor se parezca a usted», me dijo después de la charla.

En aquel momento no entendí lo que quiso decirme, pero quizás ahora lo vaya comprendiendo. Mientras recibo palmadas en los hombros y me felicitan, estoy sentado en medio de todo aquel ruido y movimiento y me doy cuenta de que la gente quiere escuchar la historia de aquel chico que regresó de entre los muertos. Les sorprende, y a mí también.

32

Un nuevo mundo

La vida y yo chocamos sin cesar. A cada instante abro los ojos maravillado y me doy de lleno con otra experiencia, como ver a un hombre que lleva una cresta de cabello colorido, parecida a la de un papagayo, que recorre su cabeza de adelante atrás; probar una nube de algodón de azúcar que se derrite en mi lengua; sentir el cálido placer que me invade al ir de compras por primera vez para comprar regalos de Navidad para mi familia; o la sorpresa intensa de ver a mujeres vestidas con minifalda, con rostros maquillados con cosméticos de tonos rojos y azules llamativos. ¡Hay tantas cosas por descubrir! Y yo estoy impaciente, anhelante, deseoso de recabar toda la información que pueda.

En enero de 2004, pocos meses después de dar mi conferencia, empecé a trabajar cuatro días a la semana, dos en el Centro de Comunicación Aumentativa y dos en el de salud. Hago de todo, desde editar boletines informativos y mantener las redes informáticas hasta conocer a otros usuarios de CAA. Incluso estoy aprendiendo a crear páginas web, y también me han aceptado en un curso universitario, después de que la profesora Alant me animase a presentar la solicitud.

No tengo recuerdos de la escuela, y mis libros de texto los tienen que grabar en audio, porque aún no sé leer lo suficiente como para entenderlos. Sin embargo, el resto de mis compañeros de clase serán posgraduados, muchos de ellos profesores. Yo no obtendré una licenciatura completa porque no tengo el título de secundaria, pero si acabo el curso me concederán un certificado avanzado en educación. Éste versa sobre la teoría y la práctica de la enseñanza a personas con necesidad de CAA, y para no perderme tendré que estudiar cada minuto de los que me deje el trabajo.

Por fin me atrevo a soñar que pueda tener la independencia al alcance de mis dedos. El trabajo y el estudio es lo que me ayudará a obtener un trabajo mejor, un sueldo más alto y quizás incluso, algún día, un piso propio. Éstas son las cosas que quiero, y debo hacer todo lo que pueda por conseguirlas.

—¡Mírate! —me dijo Diane Bryen sonriendo cuando coincidimos en una conferencia. Era una reunión de usuarios de CAA de toda Sudáfrica y de expertos de todo el mundo. Al igual que Diane, yo era uno de los oradores.

—¡Tenías tanto miedo cuando te conocí! —me dijo—. ¡Pero ahora empiezas a hacerte oír!

Es difícil detectar los cambios en nosotros mismos. Nunca me había detenido a pensar en la persona en que me estaba convirtiendo hasta que asistí al taller de Diane por segunda vez y nos pidió que hiciéramos un dibujo que reflejase nuestros sueños. En aquella conferencia me ayudaba Virna. Mientras el lápiz que sostenía en su mano se cernía sobre un folio en blanco, le dije en qué soñaba yo. Con trazos firmes y luminosos, ella plasmó en el papel mis esperanzas: la observé mientras dibujaba una casa rodeada de una valla, y un perro que meneaba la cola. Eso es lo que quería, y cuando pensaba en tener una vida tan propia, me sentía como si volase por dentro.

Pocos días después de volver al trabajo, estaba sentado con Virna durante nuestra pausa para almorzar en el centro de salud cuando ella se volvió hacia mí.

—Ya casi no te conozco —me dijo.

La miré, sin saber muy bien qué quería decir, y ya no añadió nada más. Pero seguí sintiéndome confuso durante varios días cuando pensaba en sus palabras, porque siempre había pensado que Virna era la persona que mejor me conocía en el mundo. Aunque mis sentimientos hacia ella son tan firmes como siempre, he tenido la prudencia de no volver a manifestarlos. En lugar de eso, he hablado con Virna como lo hace un amigo, de mis secretos y mis temores más ocultos, y le he descrito todas las emociones que experimento mientras avanzo por este mundo. Por eso no entendí lo que me dijo, que ya apenas me reconocía.

Ahora me pregunto si aprender a comunicarme mejor cambiará las cosas que pensé que siempre serían inmutables. Virna siempre se ha alegrado de ver a la nueva persona en la que me estoy convirtiendo. Pero ¿le costará reconocer a ese hombre que por fin empieza a ver un mundo en el que ella no es el eje central? Ella me sostuvo durante mucho tiempo. Ahora empiezo a volar... pero extiendo mis alas solo.

33

El portátil

Estoy mirando mi ordenador portátil. La pantalla se ha quedado en negro. Me entra el pánico. Siento cómo se arrastra sigiloso, arañándome el corazón. Hace tiempo que tengo problemas con mi ordenador, y por educación esta tarde he enviado un correo a todos mis conocidos advirtiéndoles que podría pasar algo así. Pero nunca pensé que mi vínculo con el mundo se perdiera y se quedara súbitamente en silencio.

Sé lo bastante de ordenadores como para sospechar que es algo definitivo. Mi ordenador está completamente muerto. Me siento fatal. Si no dispongo de ordenador, no puedo enviar mensajes de texto ni correos electrónicos, hacer trabajos para la universidad ni acabar el trabajo que me traigo a casa de la oficina por las tardes, para asegurarme de que estoy al día.

No puedo reírme ni bromear con mis amigos *online*, hablarles de mi día y preguntarles cómo les ha ido el suyo. No puedo describirles cómo me siento o hacer planes para vernos. Quizá mi mundo físico siga limitado al hogar y a la oficina, pero hay partes de mi vida que no conocen límites, como cuando hablo con personas de distintos continentes. Lo único de lo que dispongo ahora para comunicarme es un ajado tablero alfabético que no llega al resto del mundo como yo lo necesito.

El pánico hace que mi estómago dé saltos mortales. Mi vida está gobernada por la presión de una sola tecla. Se basa en una red de cables, y nunca sabré cuándo están a punto de estropearse. No son como el cuerpo, que puede mandarme algún aviso, como un aumento de la temperatura, la sensación repentina de encontrarme mal o un dolor súbito.

Me cuesta respirar. ¡Mi vida es tan frágil! Me he pasado mucho tiempo pensando que había dejado atrás para siempre al chico invisible. Sólo ahora me doy cuenta de que me pisa los talones de cerca.

34

El consejero

—¿Cómo te encuentras hoy, Martin?

Miro al consejero que tengo sentado delante. No estoy muy seguro de lo que espera que diga. Fijo la vista en mi ordenador y tecleo tres símbolos.

—Estoy bien, gracias —dice mi voz.

—Estupendo —contesta el consejero, sonriendo—. ¿Recuerdas de lo que estuvimos hablando la última vez que viniste a verme?

No estoy seguro. ¿En serio conversamos durante la hora que paso en su consulta cada semana? Por supuesto que hablamos: el consejero sentado al otro lado de su escritorio de cristal en una butaca de oficina negra y sólida, que oscila de un lado a otro cuando se echa atrás, y yo al otro lado, en mi silla de ruedas, con el ordenador delante. Pero no estoy seguro de que ese intercambio de palabras sea una verdadera conversación.

Cuando estoy aquí, a menudo me acuerdo de una película que vi una vez en televisión titulada *Cortocircuito*. Va de un robot que desarrolló una personalidad humana y un deseo insaciable por comprender el mundo que le rodeaba. Nadie, excepto la chica que lo rescató cuando se escapó del laboratorio donde lo habían creado, creía que pudiera tener sentimientos. Después de todo, era sólo una máquina. No podía ser algo que no era.

A medida que pasa el tiempo, cada vez me siento más como ese robot, porque el consejero, como otras personas, no parece saber muy bien qué hacer con mis intentos de comunicarme. Al principio, cuando regresé al mundo, no me di cuenta porque, inmerso en la emoción de ser capaz de decir aunque fueran unas pocas palabras, no vi claramente cómo reaccionaban otros ante mí. Pero ahora veo que mientras espera que yo diga algo, el consejero se mira las uñas o al techo, o le escucho proseguir con la conversación mientras me quedo perdido en su estela, intentando responder a una pregunta que me ha formulado hace diez frases, y me domina la frustración, como me pasa a menudo cuando hablo con otras personas.

Cada vez me confunde más un mundo que con frecuencia no entiendo. Cuando era invisible podía entender a las personas: si pasaban de otras, dudaban de ellas o las atacaban, lo veía; si las alababan, pinchaban o eran tímidas, me daba cuenta. Pero ya no soy un forastero. Ahora veo las cosas desde otro punto de vista. En ocasiones, es imposible reconocer cómo se comporta la gente conmigo cuando intento interactuar con ellos. Han cambiado todos mis puntos de referencia. Es como si sólo pudiera ver por dónde van los demás cuando la cosa no va conmigo: si alguien es grosero, no me doy cuenta; si se impacienta, no lo detecto.

Hace poco, cuando mamá y yo fuimos de compras, nos encontramos a una mujer cuyo hijo había ido al colegio conmigo.

—¿Cómo está Martin? —le preguntó a mi madre.

La mujer ni siquiera me miró.

—¿Por qué no se lo pregunta? —contestó mamá.

Pero aquella mujer no consiguió siquiera establecer contacto visual conmigo o formularme una sola pregunta. Me pareció casi normal, porque después de tantos años de ser invisible, a veces cuesta, incluso ahora, recordar que no lo soy. A mi madre le indignó la manera en que me trató aquella mujer, y su reacción fue lo único que me ayudó a entender que alguien me había ofendido.

Esto pasa mucho. Cuando vino un equipo de televisión a rodar en el centro, supe que había pasado algo después de que la profesora Alant me presentara al productor.

—Soy de Canadá —dijo él en voz muy alta, pronunciando cuidadosamente cada sílaba—. Está muy lejos de aquí.

Me quedé mirando a aquel hombre, preguntándome por qué me decía algo tan evidente y en voz tan alta. Sólo las expresiones airadas de mis compañeros me permitieron entender que había sido grosero conmigo.

Mi madre es la que decidió que debería ver al consejero, después de que contase a mis padres algunas de las cosas que me habían sucedido durante los años que pasé en los centros de día. Ella cree que estoy furioso por ello, motivo por el cual debería hablarlo con alguien. Pero lo único que quiero es seguir adelante en vez de mirar atrás. A pesar de eso, cada semana me traen a ver al consejero. Después de que mi madre me ha acompañado a su consulta y ha comprobado que mi ordenador funciona bien, nos deja a solas mientras yo intento encontrarle sentido a todo lo que ha pasado.

—Tienes que aceptar que eres muy inteligente —me dice el consejero una y otra vez.

Cuando me dice esto, nunca sé qué responder. Es como si esas palabras no calasen en mi cerebro. Es un concepto demasiado grande como para que encaje en mi consciencia. Me pasé años viendo cómo me trataban como a un imbécil, ¿y ahora este hombre al que pagan por ser mi amigo me dice que soy inteligente?

—La mayoría de personas tienen maneras de expresar sus emociones —me dice—. Pueden dar portazos o gritar y maldecir. Pero tú sólo cuentas con palabras, Martin, y eso dificulta que puedas expresar tus sentimientos.

Entonces se sienta en su butaca, me mira con expresión seria y, una vez más, me quedo sin saber qué se supone que debo decir. Siento como si tuviera que participar en un juego, pero sin tener ni idea de en qué consiste. Aunque cada día envío al consejero un correo electrónico diciéndole cómo me siento, como me pidió que hiciera, raras veces me contesta. Entonces, cuando le veo, me larga discursos que no entiendo. Esto hace que me pregunte si realmente le interesa lo que yo pienso o si no soy más que un estudio de caso que le intriga. ¿Me ayudará a resolver problemas que jamás imaginé que tendría cuando soñé con poder hablar? ¿O acabaré siendo el sujeto de un estudio erudito, el del hombre sin voz?

Me lo quedo mirando, paralizado por la indecisión. Sé que debo procurar comentar las emociones que enterré en lo profundo de mi ser hace años, excavar un pasado del que aún intento huir cada noche cuando me quedo dormido. Aunque he hablado un poco del pasado con mis padres, entiendo que es un campo de minas que no quieren atravesar conmigo por miedo a activar alguna. A mí también me da miedo destruir la frágil paz que hemos creado entre todos. No quiero que las palabras, ni siquiera las que le diga a un desconocido sentado en una habitación anónima, abran una caja de Pandora que nunca podré cerrar de nuevo. Pero sé que debo intentar transmitir algunas de las cosas que he visto; debo procurar transformarlo en palabras para ese hombre que está sentado tan callado delante de mí.

Se me acelera el pulso al pensar en la confesión. Lo que me sucedió es una oscuridad que siempre me acompaña, y temo que si no intento hablar del tema sea un temor que me atormente para siempre.

35

Recuerdos

—¡Cómetelo ya, jodido burro! —exclama la cuidadora.

Me quedo mirando la cuchara con el puré grisáceo. Tengo veintiún años, y aún soy el hombre invisible.

—¡Cómetelo!

Abro la boca y me meten una cucharada de comida ardiendo. Siento en el paladar un sabor a rancio, y la bilis que me sube por la garganta. Me obligo a tragar.

—Y otra.

Abro la boca, obediente. Si quiero convencer a mi estómago de que acepte lo que me dan de comer, tengo que pensar en otra cosa. Miro a mi alrededor. De fondo escucho el sonido irritante de una música de violines, mientras contemplo a los otros chicos que hay en el cuarto. Algunos lloran, otros guardan silencio. Al tragar se me quema la garganta.

—Date prisa, basurilla. Si no aceleras el ritmo nos pasaremos horas así.

La cuchara metálica choca con mis dientes cuando me mete otra cucharada. Deseo que me deje pasar hambre, pero sé que no lo hará.

—¡Come!

Me tira del pelo, dos tirones cortos que hace que me lagrimeen los ojos, antes de acercar otra cucharada de comida a mi boca. Mis labios se cierran aceptándola y se me acelera el corazón mientras trago. Siento crecer las náuseas en mi interior. No puedo vomitar. Respiro hondo.

—Venga, bicho raro. ¿Qué te pasa esta noche?

Me acerca otra cucharada de comida y me invade un olor intenso. Demasiado tarde como para retenerlo, siento cómo el vómito sube por mi garganta y no puedo hacer nada por detenerlo, por muy desesperadamente que lo intento.

—¡Desgraciado de mierda! —grita la mujer mientras vomito sobre mí mismo y sobre la bandeja que tengo delante.

Me da un bofetón. Está tan cerca que siento su cálido aliento sobre mi mejilla.

—¿Te crees muy listo? —grita aquella mujer—. ¿Crees que al vomitar vas a librarte de acabarte el plato?

Veo cómo acerca la cuchara al plato. Sorteando el vómito, llena la cuchara hasta los topes antes de aproximarla a mi boca.

—¡Come!

Abro la boca. No tengo alternativa. Debo obligarme a tragar aquella comida que mi cuerpo acaba de rechazar, rogando que no vuelva a hacerlo o pasará algo peor. La mujer ya ha hecho esto antes, y volverá a hacerlo. He descubierto que no debo llorar, porque eso aún la enfada más. Mientras me mete la cuchara con fuerza en la boca, oigo unas carcajadas. Contengo las arcadas que pugnan de nuevo en mi interior. La mujer sonríe, disfrutando de su triunfo.

• • •

Éste es el motivo por el que odiaba tanto aquel centro en el campo: una mujer que me atormentaba mientras los otros cuidadores se reían. Algunos días me pellizcaban o me pegaban; otros me abandonaban bajo el sol ardiente o me dejaban quedarme helado después de sacarme del baño, temblando hasta que aquella mujer decidía vestirme.

Hubo momentos en los que me preguntaba si a ella le asustaba su propia agresividad: después de aplicarme una lavativa con tanta fuerza que sangré, me metió en la bañera, donde vi cómo el agua se volvía de un intenso color rojo. Después de sacarme, metió un cepillo de dientes en el agua sucia y me lavó los dientes con él. Más tarde, cuando me sentó en la taza del inodoro, vi cómo una vez más el agua se ponía roja, y di gracias a Dios porque iba a morir, sonriendo ante la ironía de que una hemorragia anal fuera el motivo de mi deceso.

Si daba un respingo cuando ella me tocaba, me pegaba tan fuerte que me dejaba sin respiración. O si después de que me dejaran sentado sobre mis excrementos tanto tiempo que mi piel se volvía de un escarlata subido me daba por llorar, me daba pescozones en la nuca.

Yo contaba los minutos hasta que se acabase el día y estuviera veinticuatro horas más cerca de volver a casa. Normalmente sólo estaba en el centro unos pocos días, pero en ocasiones mi estancia se prolongaba hasta seis semanas, y cada vez que oía sonar el teléfono me invadía el pánico. ¿Era una llamada para informarnos de que mis padres habían muerto en un accidente de tráfico? ¿Me dejarían allí para siempre, prisionero en una institución en la que nadie recordaría que estaba? El miedo iba creciendo en mi interior día tras día, hasta que casi podía notar su sabor. Cuando al final mi madre o mi padre venía a recogerme, tenía que escuchar, indefenso, cómo les contaban que mi estancia había sido muy positiva.

Incluso cuando volvía a casa me costaba no tener miedo, porque pronto empezaba a preguntarme cuándo tendría que volver a aquel lugar. No me llevaban con frecuencia, quizás una o dos veces al año, pero cada vez que me subían al coche y salíamos de la ciudad, empezaba a llorar cuando me daba cuenta de adónde nos dirigíamos. Cuando cruzábamos la vía del tren, sabía que ya estábamos cerca de aquel centro, y escuchaba el repiqueteo de las piedras en los bajos del coche mientras avanzábamos por un camino de tierra plagado de ellas. Mientras mi corazón se aceleraba y se me cerraba la garganta, deseaba gritar y me preguntaba si sería posible, esforzándome al máximo, lograr que mis padres captaran mis pensamientos.

Pero lo que más deseaba cuando estaba allí sentado, sujeto al asiento con el cinturón de seguridad, impotente para explicar a nadie lo que sabía que me pasaría dentro de poco, era que alguien me mirase. Sin duda entonces se percataría de lo que llevaba escrito en el rostro: el miedo. Sabía dónde estaba. Sabía adónde iba. Tenía sentimientos. No era sólo un hombre invisible. Pero nadie me miraba.

36

Oculto a plena vista

En otros lugares, donde los niños y los adultos eran demasiado débiles, no podían hablar o carecían de la capacidad mental para contar sus secretos, pasaban cosas parecidas. Descubrí que las personas que nos sometían a sus deseos más oscuros, por fugazmente que lo hicieran, no eran siempre las más fáciles de detectar. No son ogros; son personas normales, olvidables. Quizás incluso sean personas intachables hasta que la oportunidad de utilizar a un receptor aparentemente vacío les anima a cruzar una línea que, de otro modo, jamás se habrían atrevido a superar.

A veces no era más que una sensación, como si hubiera cruzado una línea invisible, lo que me hacía presentir un peligro. No podía explicarlo con precisión, porque era demasiado joven y aún había muchas cosas que no comprendía.

—Beso, beso —susurró una mujer con voz velada, inaudible para los demás, mientras inclinaba su cabeza hacia mí. Me pareció que estaba flirteando, como una jovencita que intenta sonsacarle un abrazo a un pretendiente que no está por la labor.

En otra ocasión, la madre de un niño al que conocía entró en la habitación mientras yo estaba tumbado solo y desnudo de cintura para abajo, esperando a que me cambiasen.

—¿Y esto qué es? —dijo mientras me rascaba suavemente el pene.

El incidente acabó en cuanto empezó, porque justo entonces entró en la sala un cuidador. Pero me hizo sentirme confuso, inseguro, y no supe qué hacer con aquellos sentimientos extraños que me invadieron.

Sin embargo, no siempre era así. A veces estaba muy claro lo que sucedía, y me embargaba el miedo cuando me daba cuenta de que me estaban agrediendo de una manera contra la que jamás me podría defender.

—¡Fíjate en eso! —dijo una vez una cuidadora mientras me bañaba.

Al día siguiente la observé en silencio mientras ella paseaba la vista por la habitación vacía, se levantaba el vestido y se sentaba sobre mi pelvis, antes de empezar a frotarse contra ella. Me quedé inmóvil, sin parpadear, sin ver, hasta que dejé de sentir su peso porque se apartó. La situación me dejó el temor insidioso de que volviera a tocarme otro día, pero no lo hizo.

¿Qué era yo para aquellas mujeres, una fantasía perversa que tenían hacía mucho tiempo y habían enterrado, o un momento de locura? No estoy seguro. Pero para otra mujer que estuvo años maltratándome, sé que yo no era más que una cosa, un objeto que podía usar como y cuando le apeteciera antes de volver a dejarlo tirado.

La soledad era el oxígeno que insuflaba vida a su comportamiento: siempre se las ingeniaba para que estuviéramos a solas. La primera vez que me tocó, supe con claridad meridiana lo que estaba haciendo cuando sentí que ella me acariciaba tentativamente la bragueta. Era como si tuviera miedo, como si no estuviera segura, y el episodio fue breve. Pero la siguiente vez fue más atrevida, y sus dedos se entretuvieron sobre mi pene. Pronto se volvió más temeraria, como si se diera cuenta de que abrir la puerta a aquellas tinieblas no era tan aterrador como ella pensaba que sería.

A veces me rodeaba el cuerpo con sus piernas y empujaba con la pelvis cada vez más fuerte hasta que la oía jadear. O se situaba a mi espalda cuando yo estaba tumbado boca arriba y me estiraba los brazos por encima de la cabeza, de modo que mis manos descansaran sobre sus muslos. Mientras mis dedos temblaban incontroladamente, como ella sabía que iba a pasar, yo escuchaba cómo su respiración se convertía en un jadeo mientras apretaba mis dedos contra su sexo.

Cuando me utilizaba, solía estar callada. A veces aquello duraba lo que me parecía una eternidad, mientras ella se mecía y apretaba contra mi cuerpo, haciendo que el mío se convulsionara al ritmo del suyo, hasta que al final se quedaba quieta. Cada una de esas veces yo intentaba perderme en el silencio, cerrándome por dentro. Sin embargo, aun así sentía que mi alma se congelaba. Sólo más tarde me invadía un sentimiento de vergüenza.

Si ella me hablaba, lo hacía como lo haría una niña a una muñeca que sabe que en realidad no la escucha.

—Vamos a jugar —susurró una vez levantándome de mi silla de ruedas.

De lo único de lo que siempre se aseguraba era de que yo no pudiera verla.

—No tendrías que mirar —me decía mientras me giraba la cabeza para que no la viese. Pero no hablaba conmigo, sino consigo misma.

Esto no pasaba siempre. A veces transcurrían semanas o meses antes de que volviera a tocarme, y entonces pasaba en varias ocasiones seguidas. Era peor de esta manera, porque entonces yo nunca sabía qué iba a hacerme o cuándo. Nada me hacía sentirme más impotente que cuando esperaba que ella viniese a molestarme otra vez. La ansiedad que sentía por lo que pudiera hacerme la próxima vez se iba acumulando en mi interior y me preguntaba si esta vez podría evitarlo o no. El miedo cubría mis días como un velo. Sabía que no podía detenerla ni contárselo a nadie. Yo no era más que un objeto inerte que ella usaba como y cuando quería, el lienzo en blanco donde pintaba sus oscuros apetitos. De modo que esperaba, pendiente hasta que volviera a escuchar su voz, sabiendo que cuando lo hiciera querría huir desesperadamente.

· · ·

—Hola, Martin —me dice sonriendo mientras me observa.

Me la quedo mirando. Las náuseas me revuelven el estómago. Siento que en mi interior se despliega un alarido, como una bandera que flamea al viento, pero no puedo dejarlo escapar.

—Allá vamos —dice, y siento que mi silla empieza a moverse.

Me lleva a una habitación en la que nadie nos verá, y me tumba en un banco. Levantando un pie del suelo y apoyándolo a mi lado, mantiene el otro pie en el suelo mientras se levanta la falda. Baja las caderas hasta que se sienta sobre el dedo gordo de mi pie izquierdo, y comienza a moverse rítmicamente. Intento desaparecer.

Más tarde me mantengo inmóvil mientras ella se sienta a mi lado. Lee una revista, pasando las páginas distraídamente mientras se hurga la nariz. Al final mira el reloj y se pone en pie. Pero, justo cuando está a punto de marcharse, se da la vuelta. Ha olvidado algo.

La observo mientras arrastra el dedo por la manga de mi camiseta, limpiándoselo. En la manga queda un rastro de moco. Ahora su desprecio es absoluto.

A veces se echa a mi lado, y otras encima de mí. A veces se masturba y otras me magrea. Pero, haga lo que haga, para ella yo no soy nada, un olvidado hasta que decide venir a por mí, y nunca deja de hacerlo. Es un ogro que habita en mis sueños, que me persigue y aúlla, me atormenta y me aterroriza. Noche tras noche, me despierto sudando y aterrado después de que ella haya venido otra vez a buscarme mientras dormía. Es un parásito que se ha enquistado en mi alma. Mientras estoy tumbado en la oscuridad, me pregunto si alguna vez me libraré de ella.

37

Fantasías

Fue en esta época, más que en cualquier otra, cuando necesité depender de mi imaginación. Si mi mundo de fantasía tenía un tema recurrente, era la escapatoria, porque allí podía ser todo lo que me atreviera a ser y más: no sólo un pirata, sino también astronauta o piloto de fórmula 1, un tritón en el mar, un agente secreto o un caballero Jedi con el poder de leer la mente.

A veces estaba sentado en mi silla de ruedas, en el aula del centro de salud, y sentía cómo me encogía a medida que dejaba el mundo a mis espaldas. A medida que la silla se hacía más y más grande, imaginaba que yo era tan pequeño como un soldadito de plomo, tan diminuto que podía embarcar en el jet que me aguardaba en una esquina del cuarto. Para todos los demás no era otra cosa que un juguete, pero yo sabía que era un cazabombardero, y que tenía los motores en marcha esperando mi llegada.

En mis sueños, mi cuerpo siempre era poderoso. Me levantaba de la silla de ruedas de un salto, antes de mirar a mi alrededor y escuchar con atención por si oía pasos. Si alguien me viera, se quedaría alucinado. Yo estaba listo para defenderme. Quizá pensaran que era cosa de su imaginación, pero no lo era; era real. Tras salir de un salto de la silla y aterrizar sin hacer apenas ruido, bajaba la vista para comprobar que mi camiseta y mis pantalones cortos habían desaparecido, y ahora llevaba un mono de piloto de color gris. La tela susurraba mientras me acercaba corriendo al caza, subía por la escalerilla y me acomodaba en la cabina, colocándome luego el casco. Los motores rugían y, delante de mí, las luces parpadeaban, pero eso no me preocupaba. Comprendía por qué lo hacían, porque era un piloto de combate muy experimentado.

Empujé una palanca hacia delante y el avión empezó a moverse. Cada vez más rápido, avanzó por el suelo de linóleo de mi clase antes de levantarse por los aires y volar hacia el pasillo. Marietta caminaba hacia mí, pero la esquivé a toda velocidad. Yo era demasiado pequeño y rápido como para que me viera, y accioné de nuevo la palanca para que el aparato acelerase aún más.

La fuerza G me aplastó contra el asiento justo cuando una camilla se interpuso en mi camino y, mientras maniobraba para esquivarla, supe que un solo movimiento erróneo le arrancaría las alas a mi caza y me mandaría directo al suelo. Pero mi mano se mantuvo firme. ¡*Bam!* Pasé volando al otro lado de la camilla y me dirigí hacia la puerta que conducía al exterior.

Como al acercarme a ella la estaban cerrando, puse el avión de lado. El jet pasó limpiamente entre las puertas que se cerraban, y quedé libre. El cielo encima de mi cabeza era azul, y el mundo exterior olía a polvo y a sol. Levanté el morro del avión sabiendo que pronto estaría a suficiente altura como para contemplar la tierra a mis pies: las manchas de verde y los salpicones marrones se sucedían a toda velocidad. Tiré de la palanca hacia atrás hasta que llegué al tope (a todo gas, impulsores sónicos al máximo), y el caza ascendió por el cielo haciendo un tirabuzón. Di vueltas y más vueltas.

Estaba mareado, pero me sentía ligero. Empecé a reír.

Roger y *out*: era libre.

A mis pies la autopista estaba llena de coches y de personas que volvían a casa del trabajo. Sabía adónde me llevarían las carreteras si las seguía: a mi hogar.

Cuando estaba tumbado en la cama en el centro de salud situado en el campo, pensaba en las vías del tren cercanas e imaginaba que me escabullía al exterior, corriendo por la hierba larga y parda del Highveld. En la distancia veía un tren que arrastraba vagones de carga de color marrón desvaído, algunos cubiertos con lonas, otros abiertos y desbordantes de carbón negro y reluciente. Corriendo hacia el tren, me aupaba al último vagón justo antes de que desapareciera por la vía férrea. No sabía adónde me llevaría el tren: lo único que me importaba era que me iba de allí.

El agua era otra de las cosas con las que me encantaba soñar. Fantaseaba con que entraba un aluvión en la sala en la que estuviera sentado, me levantaba y me llevaba sobre la cresta de una ola. En el agua podía zambullirme y bucear, con un cuerpo libre y fuerte. O me imaginaba que a mi silla de ruedas le habían salido alas estilo James Bond y me llevaba por el cielo mientras los miembros del personal, con la boca abierta, eran incapaces de impedir que me alejase volando.

En mi mundo de fantasía seguía siendo el niño que era cuando me quedé dormido. Lo único que cambió a medida que crecía era que empecé a imaginarme que era un jugador de críquet de fama mundial, porque, como había visto lo mucho que les gustaba a papá y a David, había cultivado cierto interés por aquel deporte.

A mi hermano se le daba muy bien el críquet, y cuando volvía a casa explicaba cosas sobre su último partido a mamá, papá y Kim. Yo quería compartir algo con él. David siempre me hacía sonreír contándome chistes, hablando con voces divertidas o haciéndome cosquillas, de modo que empecé a escuchar atentamente siempre que en la radio o en la televisión hablaban de críquet.

Pronto invertía días y semanas en partidos que imaginaba en mi cabeza. Al principio de cada uno yo estaba sentado en un vestuario en silencio mientras me ataba los zapatos antes de salir a la luz del sol exterior. Mientras caminaba por el campo de juego, frotaba la pelota en el dobladillo de mi camiseta antes de comprobar que estaba lo bastante lustrosa, y mientras el público guardaba silencio me dedicaba a observar al bateador. No me inquietaba que todo el mundo me estuviese mirando. En lo único que pensaba era en salir al campo y sentir la pelota, redonda y sólida en mi mano, antes de lanzársela al bateador.

Cuando la pelota abandonaba mi mano, un ramalazo de color rojo cereza cruzaba el aire, y escuchaba el sonido leve de los *bails* que salían despedidos de los *stumps** mientras la multitud aclamaba. Sin embargo, no siempre acertaba de lleno. A veces ni me acercaba al

---

* En el críquet, los *bails* son unas tablillas situadas transversalmente sobre los *stumps*, tres palos verticales que el lanzador debe derribar con la pelota. *(N. del T.)*

bateador al lanzarle una pelota que seguía un rumbo totalmente desviado, o el bateador lograba golpear todas mis bolas, lo cual significaba que saldría del campo sabiendo que aquel día no lo había hecho bien. Pero, de alguna manera, daba lo mismo, porque yo era una estrella del deporte. Vivía en partidos como éstos un día tras otro, en mi calidad del jugador carismático y polivalente más famoso del equipo sudafricano, que salvaba el partido más veces de las que perdía. Los partidos se volvieron casi infinitos, lancé incontables pelotas, y ganaba o perdía lanzamientos a medida que me distanciaba de la realidad.

La única persona con la que hablaba era Dios, pero él no formaba parte de mi mundo de fantasía. Era real para mí, una presencia en mi interior y a mi alrededor que me tranquilizaba y consolaba. De la misma manera que los indios norteamericanos tenían comunión con sus espíritus guía o los paganos se fijaban en las estaciones y en el sol, yo hablaba con Dios e intentaba encontrarle un sentido a lo que me había sucedido, pidiéndole que me librase de todo mal. Dios y yo no hablábamos de las grandes cosas de la vida, no participábamos en debates filosóficos ni discutíamos de religión; pero hablaba con él en todo momento, porque sabía que compartíamos algo importante. Carecía de pruebas de su existencia, pero aun así creía en él, porque sabía que era real. Dios hacía lo mismo por mí. A diferencia de las personas, él no necesitaba pruebas de mi existencia: sabía que yo era real.

38

Un nuevo amigo

El ruido es como el de un tren que acelera en la distancia. Aumenta cada vez más de volumen hasta que, de repente, invade el cuarto como una exhalación: una bola de pelaje amarillo, una enorme lengua roja y unas patas mojadas que se suben de un salto al sofá, empapándolo en cuestión de segundos. Una tremenda cola se sacude con frenesí de un lado para otro, y unos grandes ojos marrones contemplan el cuarto.

—¡*Kojak!* ¡Baja de ahí!

El perro pasa de todo y sigue olisqueando, hasta que al final baja de un salto del sofá y se dirige hacia mí. Juraría que está sonriendo.

—¡*Kojak!* ¡No!

El perro no presta atención a una sola de las palabras que dice su dueño. Lo único que desea es saludar a ese desconocido que está sentado en una silla muy rara.

—¡Échate!

El hombre arrastra al enorme labrador apartándolo de mí, y le obliga a sentarse. Pero ni siquiera sentado al lado de su dueño, que le sujeta con firmeza por el collar, el perro deja de moverse. Mueve la cabeza sin cesar de un lado a otro y menea el trasero. La lengua pende de su boca sin control, porque ni siquiera su respiración puede mantener su ritmo.

Miro a mamá y a papá. Nunca antes les había visto asustados.

—¿Así que éste es el perro para el que andan buscando un nuevo hogar? —dice mi padre con un tono de voz neutro.

—Sí —contesta aquel hombre—. Nos trasladamos a Escocia y queremos encontrarle una nueva familia. Es un perro muy cariñoso. Siento que esté tan mojado. ¡Es que a *Kojak* le encanta la piscina!

El terror se abre camino por el rostro de mi madre como una persiana que baja ante una ventana. Sé que no se atreve a decir lo que piensa.

—Tiene todas las vacunas, y le hemos entrenado un poco para que sea obediente —sigue diciendo aquel hombre—. Obviamente, como sólo tiene ocho meses, aún está lleno de energía.

En ese preciso instante es cuando *Kojak* lucha por librarse de manos de su dueño y se pone a ladrar como un energúmeno. Espero que mi madre se ponga a gritar de un momento a otro.

—¿Qué te parece, Martin? —me pregunta mi padre.

Me quedo mirando al perro. Es demasiado grande y escandaloso; es evidente que no hace caso a ningún tipo de orden y causará estragos en el hogar tan ordenado de mis padres. En los cuatro meses que llevamos buscando nunca he visto un perro como él, pero aun así algo me dice que es el ideal para mí.

Sonrío a papá.

—Bueno, pues creo que Martin ha tomado una decisión —dice.

—¡Estupendo! —exclama el dueño de *Kojak*—. No te arrepentirás.

Miro a mamá. Creo que está intentando no echarse a llorar.

39

¿Es que nunca aprenderá?

Nunca he olvidado a *Pookie*, motivo por el cual quiero tanto tener un perro. Siempre he recordado el vínculo que compartimos, y quiero un compañero como ella. Quiero cuidar de algo que no sea consciente de mis límites y mis defectos. A pesar de mi entusiasmo, a mi madre no le gusta la idea. No quiere tener otra criatura a la que cuidar, y menos aún un perrazo que dejará a su paso pelos y barro.

Kim fue la que al final acudió en mi ayuda mientras estaba en casa de visita, cuando vino de Gran Bretaña este año. Se dio cuenta enseguida de que yo me estaba esforzando más que nunca (literalmente día y noche, en ocasiones), y que a veces dormía sólo cuatro o cinco horas en mi intento de llegar a todas partes.

Ahora estamos en abril de 2005, casi cuatro años desde que me examinaron, y durante ese tiempo casi nunca he dejado de trabajar. Es como si no me permitiera soltar las riendas de la vida ni un solo segundo después de tenerlas entre las manos. No tengo una vida social ni ninguna afición. Lo único que hago es trabajar, luchando no sólo por mantenerme al día, sino también por mejorar. Como durante tanto tiempo estuve estático, quiero seguir avanzando. Aún no me creo que la gente me dé oportunidades. Siempre tengo miedo de que descubran que no tengo experiencia de la vida, de modo que me esfuerzo mucho por compensar lo que creo que me falta, porque me siento un impostor.

Después de que me encargasen rediseñar la página web del centro de comunicación aumentativa, me trasladaron a un instituto de investigación científica, donde ayudé a crear recursos de Internet para personas discapacitadas. Esto me abrió todo un mundo nuevo de posibilidades, y abandoné mi trabajo en el centro de salud. Ahora trabajo tres días por semana en el centro de comunicación aumentativa y dos como técnico informático en el instituto de investigación.

Fuera de las horas de oficina, sigo concienciando a la gente sobre los CAA, y he pasado a formar parte del comité ejecutivo de una organización nacional para personas como yo, que tienen un habla limitada o carecen de ella. En enero incluso hice mi primer viaje en avión, para hacer una ruta acelerada por cinco ciudades del país, con el objetivo de recaudar fondos para una organización benéfica. Me sentí tan libre cuando el avión despegó que eso me hizo preguntarme cómo se les ocurre a los pájaros bajar a veces a tierra.

Cuando no hago un trabajo remunerado o voluntario, estudio.

Pero toda esta actividad es el motivo de que Kim supiera que algo tenía que cambiar cuando vino a visitarnos. Se dio cuenta de que en mi vida había poco más aparte del trabajo, de manera que habló con papá y mamá, quienes aceptaron que tuviese un perro.

—Pero tendrás que cuidar de él —me advirtió mamá—. Darle de comer y bañarlo. En este casa ya tengo que cuidar de cuatro personas, así que el perro sería responsabilidad tuya.

—No te pediré que hagas nada —le dije, aunque aún tenía que comprender lo que supondría de verdad sacar a pasear a un joven y entusiasta labrador yendo en silla de ruedas.

Así es como empezó la búsqueda de *Kojak*. Aunque la gente quería que buscase un perro pequeño, yo había puesto el corazón en un labrador dorado, porque me parecían los perros más felices de todos. Fui a ver algunas camadas, pero vi muchos cachorros que estaban enfermos, mientras que otros tenían algún rasgo físico que me indicaba que no los habían criado bien. No podía permitirme un perro con un pedigrí intachable, de manera que esperé varios meses hasta encontrar aquel que encajase perfectamente conmigo. Entonces una criadora me comentó que uno de los que ella había vendido necesitaba un nuevo hogar. En el momento en que vi a *Kojak*, supe que estaba destinado a ser mío.

Cuidar de una criatura salvaje como él resultó más complicado de lo que esperaba. Desde el momento en que llegó, *Kojak* ha provocado ciertas controversias. Segundos después de que yo cerrase la puerta principal, salió disparado a olisquear hasta el último rincón de su nuevo hogar, y cuando entró como una bala en el salón, dio un coletazo a una taza de té que salió volando. Cuando mis padres se levantaron de los sillones para limpiar el desastre, *Kojak* se subió de un salto al sillón de mi padre.

—¡Abajo! —gritó mi madre.

Kojak hizo lo que le pedían… y se subió de un salto al sillón de mamá. Con sólo echar un vistazo había captado la jerarquía imperante en nuestra casa.

—¿Alguna vez podremos dominar a este perro? —preguntó mamá, cansada. Yo también me pregunté si sería posible esa tarde, después de encerrar a *Kojak* en la cocina mientras cenábamos.

—Pero ¿qué ha hecho? —rugió mamá cuando entró en la cocina y se encontró todo el suelo perdido de aceite de cocinar y vómitos.

Kojak se había bebido la mayor parte de una botella de aceite con tanto entusiasmo que éste había reaparecido casi de inmediato. Aun así, parecía que el perro estuviera sonriendo. Mientras mi madre se desfogaba, los dos salimos fuera. No volvimos a entrar en casa hasta que supe que mi madre se había acostado y no había moros en la costa.

Éste es el tipo de perro que es *Kojak*: inteligente, pero encantadoramente problemático; lo bastante listo como para entender cuándo se está portando mal y desesperado por complacer, pero incapaz de hacerlo siempre, por el motivo que sea. Su querencia por morderlo todo ha amenazado con escapar a todo control, y ha engullido teléfonos móviles, ha desaparecido con varios mandos a distancia de la tele y ha destruido prácticamente todas las plantas veteranas en el jardín de mis padres.

—Lo ha *kojakado* —suspira mi madre cuando contempla los cráteres en su macizo de flores, porque por alguna razón no puede dejar de arrasar todo el parterre de luminosas flores ave del paraíso de color naranja, de las que ella estaba tan orgullosa.

Las idiosincrasias de *Kojak* no acaban aquí. Si abrimos una ventanilla del coche, intentará salir por ella, y ni siquiera puede quedarse quieto el tiempo suficiente como para hacer pipí, lo cual quiere decir que mientras lo hace va saltando de un pie a otro, como un boxeador preparándose para el combate. También me ha volcado varias veces la silla de ruedas cuando se lanzaba a por algo y tiraba de mí. Ya sea un perro que ladra o un olor nuevo, no se puede resistir a investigar, y cada vez que me meto en nuestra piscina quiere saltar al agua y salvarme. Un día, durante una clase de adiestramiento para que fuera obediente, salió pitando en busca de la libertad y se encontró con un desnivel de un metro y medio al otro lado del muro sobre el que había saltado. Colgado de la correa en el aire, *Kojak* me miró como si rogase por su vida a un verdugo, mientras mamá le rescataba con la ayuda de la mujer que impartía la clase. Los otros perros se limitaron a contemplar la escena con desespero.

Sin embargo, sé que enterrado en lo profundo de *Kojak* hay un perro sensato que lucha con todas sus fuerzas por aflorar. Incluso antes de tenerlo ya sabía que la única esperanza con que contaba yo de tener cierto grado de control sobre él sería enseñarle algunas reglas, de modo que me apunté para clases de adiestramiento. Ahora *Kojak* aprende a responder a órdenes no verbales, y cada semana mi madre o mi padre nos lleva a los dos a la escuela para perros, donde lentamente vamos aprendiendo a comprendernos mutuamente.

Cuando levanto mi puño hasta el pecho, *Kojak* sabe que debe sentarse, mientras que si señalo el suelo con un dedo es una orden para que se tumbe. El puño situado a un costado le indica que se levante de nuevo, y una mano levantada le dice que espere. Afortunadamente, ya ha aprendido lo más básico, y hemos pasado a los temas más lúdicos: ahora, si le saludo con la mano, él me saluda con la pata; si levanto la mano, él la golpea con su pata en plan «choca esos cinco»; y si extiendo mi mano, él levanta la pata para que se la estreche.

Esto lleva su tiempo, pero *Kojak* se va apaciguando poco a poco. Incluso ha aprendido a hacer cosas más útiles por mí, como abrir puertas y cerrar cajones. En ocasiones estos servicios plantean un riesgo, porque enseñarle a quitarme los calcetines le ha despertado tamaño apetito por ellos que ahora me roba todos los pares que encuentra en el cesto de la ropa sucia. Y como ha aprendido a llamar al timbre, ahora no hace más que largarse corriendo sólo para poder volver a casa y hacernos saber que ha llegado.

Pero sean cuales sean sus defectos, *Kojak* es lo que yo quería que fuese: un compañero que siempre me hace sonreír con su alegría a prueba de bomba y su naturaleza cariñosa. Por muchos errores que cometa, su presencia ha hecho de mi mundo un lugar mucho más feliz.

40

GD y Mimi

Mis abuelos, GD y Mimi, me enseñaron quizá la lección más importante sobre el amor: si es verdadero, durará toda una vida, y si es lo bastante fuerte, se puede transmitir de generación en generación.

Llevo toda la vida escuchando anécdotas sobre GD y Mimi: cómo GD obtuvo una medalla al valor cuando tenía dieciséis años, por saltar al mar desde el acantilado para salvar a una mujer que se estaba ahogando, y cómo a Mimi le gustaba tanto bailar de joven que recorría muchos kilómetros para ir al baile. GD, que cuando se conocieron trabajaba de aprendiz de minero, recorría casi cincuenta kilómetros en bici para ir a ver a Mimi. Estaba tan decidido a ofrecerle una buena vida después de que ella aceptara casarse con él que se presentó once veces a sus exámenes en la mina para poder ser capataz. GD era el menor de dieciséis hermanos, y Mimi la mayor de cuatro, de modo que quizás era inevitable que quisieran tener hijos, y pronto llegaron mi padre y sus dos hermanas. Mientras Mimi enseñaba a sus hijos a bailar el charlestón y se ocupaba de su hogar, GD construyó una casa para su familia de modo que pudieran abandonar el alojamiento provisto por la empresa minera.

Mis abuelos vivieron juntos y felices durante casi sesenta años, y siguieron haciéndolo después de que Mimi quedase confinada a su cama tras caerse y romperse la cadera, poco después de que yo empezase a recuperar la consciencia. Nunca volvió a levantarse, pero desde la comodidad de su lecho Mimi gobernaba la casa como un sargento mayor. Indicaba a GD qué comprar en las tiendas, cómo cocinar los alimentos y cuándo tomar su medicación para el corazón.

GD nunca captó lo irónico que resultaba que fuese al hogar del pensionista de la zona para visitar «a mis queridos viejos».

Yo los quería mucho. Siempre que íbamos a visitarlos, ponían mi silla de ruedas al lado de la cama de Mimi para que ella pudiera tomar mi mano entre las suyas. Contemplando su piel, fina como el papel, que parecía tan delicada que casi podría romperse, me preguntaba si alguna vez llegaría a ser tan mayor como ella. Pero entonces, cuando yo tenía veintitrés años, Mimi se puso enferma y en esta ocasión no se pudo hacer nada. Su cuerpo, sencillamente, se estaba agotando. A medida que se iba debilitando, yo, sentado junto a ella, la observaba perder y recuperar la consciencia.

Mi abuelo parecía perdido. Fue durante una de esas últimas visitas cuando le oí decir a mi padre que era lo que más quería en este mundo.

—Me gustaría dormir una vez más al lado de mi esposa —dijo GD, porque Mimi había estado tan enferma que le había sido imposible hacerlo.

Dos días después sonó el teléfono, y papá contestó. Habló en voz baja unos instantes antes de colgar.

—Mimi ha muerto —dijo, y vi cómo recorría el pasillo con las manos en la nuca, como si intentara introducir en su cabeza la realidad de que había perdido a su madre.

Me inundó la tristeza por mi padre cuando me subió al coche y nos llevó a casa de sus padres, para ver a Mimi por última vez. Cuando llegamos, estaba tumbada en la cama, y mientras yo la observaba mi padre le dio un beso. Por supuesto, nadie sabía que yo había comprendido totalmente lo sucedido, y yo deseaba consolar a GD mientras él lloraba y esperábamos la llegada de los operarios de la funeraria.

—Siento como si me hubieran amputado un brazo —sollozaba GD, y yo sabía que tenía el corazón roto por aquella mujer a la que había amado durante tanto tiempo y ahora había perdido.

Su amor había durado toda una vida; sus historias personales se habían entrelazado hasta tal punto que habían olvidado dónde acababa una y comenzaba la otra. A nuestro alrededor estaban los pequeños indicios de su amor, presentes incluso en los objetos más banales, como el abrigo de invierno que mi padre y mis tías encontraron en el armario de Mimi. GD se había gastado su precioso dinero en su esposa porque anhelaba que ella no pasara frío.

Pasaron unos días, y papá habló en el funeral de Mimi sobre el amor que ella había transmitido a sus hijos. Contó a la congregación que cuando era niño su madre había cosido sus prendas de vestir con «pespuntes de amor», y que su presencia apacible siempre estuvo con él. Un día, cuando era un niño pequeño y la estaba ayudando a envasar melocotones en almíbar, sin querer mi padre había derramado sirope candente sobre Mimi, y el líquido le había quemado instantáneamente la piel, pero ella no se enfadó ni le gritó. En lugar de eso, se limitó a bañar la quemadura con agua fría, se la vendó y prosiguió tranquilamente con su tarea.

Mientras escuchaba a mi padre, me di cuenta de que estaba aprendiendo otra lección sobre el amor que había visto entre hombres y mujeres: a veces era juguetón, como el de Henk y Arrietta; otras, apacible, como el de Ingrid y Dave, pero si uno tenía suerte, podía durar para siempre, como había pasado con GD y Mimi. Ese tipo de amor se puede transmitir de una persona a otra, como una fuerza vital que consuela a todos los que toca, y crea recuerdos que siguen muy vivos años después de los sucesos que los inspiraron.

Ése era el tipo de amor que mi padre había experimentado, y ahora, mientras hablaba, sé que veía a su madre en la imaginación, con tanta claridad como cuando estaba viva. Recordaba a aquella mujer de su infancia, sentía su caricia y escuchaba su voz mientras, una vez más, se convertía en un niño rodeado de amor aquel día que envasaba melocotones en almíbar con su madre.

41

Amar la vida y vivir el amor

Las olas se deshacen en la playa y el aroma a pollo frito flota en la brisa marina. Se me hace la boca agua mientras acerco a mi boca otro trozo. ¡Qué bueno está!

Es diciembre de 2006, y estoy sentado en la orilla de la playa, en Ciudad del Cabo, con mi amigo Graham. Él empezó a ser usuario de CAA después de padecer un infarto bilateral de tronco encefálico mientras trabajaba en una isla frente a la costa de Sudáfrica hace más de veinte años. Después de que lo trasladasen en avión al hospital, cuando despertó, le dijeron que estaba paralizado desde los ojos hacia abajo. Tenía veinticinco años.

Hoy día Graham no puede moverse ni hablar, pero sin embargo vive la vida rugiéndole como un león a cualquiera que piense que está acabado. Aunque físicamente depende por completo de otros, se negó a ir a su casa para que le cuidase su madre, como se suponía que tenía que hacer cuando se quedó paralítico. Después de todo, ella vivía en el otro extremo del país, y Graham quería seguir viviendo en Ciudad del Cabo. De modo que acudió a una clínica privada, donde sigue viviendo hoy, y nunca he conocido a nadie cuyo amor por la vida sea tan contagioso.

Vive cada minuto y le encanta romper las reglas: estoy seguro de que pronto me pedirá que le dé un poco de pollo frito, aunque se supone que no debe comer nada sólido. Yo entiendo ese tipo de deseo que es demasiado fuerte como para negarlo. «No puedes hacer todo lo que te dicen los médicos», dice a cualquiera que le pregunte. Me ha dicho que lo que desea no es sólo sentir el gusto de la comida, sino el acto físico de masticar y tragar. Por eso se olvida de vez en cuando del consejo de los médicos, porque a veces a Graham le encanta llenarse la boca de algo sólido.

Nos conocimos en una conferencia hace cosa de año y medio, y ahora estoy en Ciudad del Cabo porque mañana tendremos que hablar en una de ellas. Pero primero hemos venido a la playa para sentarnos uno junto al otro, como pájaros metálicos en un alambre, y contemplar el mar. Mientras mastico mi pollo, pienso en una foto que me ha enseñado antes Graham.

—Es una conocida mía —me ha dicho, mientras yo contemplaba a la hermosa mujer que sonreía a la cámara.

Los ojos de Graham brillaban mientras usaba el puntero de infrarrojos (que detecta los mínimos movimientos que puede hacer con la cabeza) para manejar su comunicador y hablar conmigo. Ojalá yo también tuviera una foto que enseñarle, la de una mujer a la que amase. Pero no la tengo, y empiezo a temer que no la tendré jamás, porque, lección tras dolorosa lección, estoy aprendiendo que pocas mujeres pueden ver más allá del cuerpo que me envuelve.

No sé si mi anhelo de amor fue siempre una parte de mi persona o si las semillas se sembraron un día que aún recuerdo con gran claridad, a pesar de que sucedió hace más de diez años. Era a última hora de la tarde cuando un grupo de estudiantes de enfermería visitó el centro de salud, y yo estaba tumbado en un colchón cuando sentí que alguien se arrodillaba a mi lado. Cuando me pusieron una pajita en la boca, levanté la vista y vi a una mujer joven. Su rostro estaba enmarcado por una larga cabellera castaña, y de repente, cuando sentí el amor que desprendían sus manos, me invadió un deseo tan poderoso que casi me dejó sin respiración. Deseé poder prolongar aquel breve instante toda la eternidad, mientras aquella joven que olía a flores y a luz del sol se convertía en mi mundo. ¿Fue eso lo que despertó el anhelo del amor en mi vida, o todo lo que vi entre Henk y Arrietta, Dave e Ingrid, GD y Mimi? O quizá fuera debido a los años de devoción que mis padres nos han dedicado a mí, mi hermano, mi hermana y el uno al otro.

Sea cual fuere el motivo, mi necesidad de amor aún ardía con más fuerza cuando empecé a comunicarme, y sólo ahora entiendo lo iluso que he sido. Creía de verdad que podía introducir el amor en mi vida a fuerza de voluntad, si lo deseaba lo suficiente, y que encontraría a alguien con quien compartir el tipo de sentimientos de los que había sido testigo cuando era invisible. Entonces Virna me enseñó que eso iba a resultar mucho más difícil de lo que había pensado en un principio, e intenté asimilar aquella lección. Pero aunque he huido de mis sentimientos y los he enterrado en mi trabajo, dando gracias por todas las cosas buenas de mi vida, ahora hay ocasiones en las que me siento tan solo como antes de que pudiera comunicarme.

Hace tiempo que me di cuenta de que mi amor por Virna era un mito que creé para mí mismo, un fruto de mi propia imaginación que nunca habría podido plasmar en la realidad. Independientemente de lo que yo pensara, ella sólo me veía como un amigo, y no puedo culparla por ello. Pero no aprendí las lecciones que ella, inconscientemente, trataba de enseñarme, y he repetido el mismo error una y otra vez. Aunque ahora tengo treinta años, hay ocasiones en las que creo que entiendo tanto a las mujeres como lo hacía cuando era un chico de doce años sumido en las tinieblas.

Hace un tiempo viajé con mi padre a una conferencia en Israel, y me senté en un auditorio en penumbra para escuchar a un profesor que hablaba sobre los retos a los que se enfrentan las personas como yo para mantener relaciones sentimentales. Por mucho que me empeñase en no creerlo, sabía que lo que decía era cierto.

Desde que empecé a comunicarme, he tenido la esperanza recurrente de acercarme a las mujeres como la polilla a una llama, sólo para quemarme con el gélido abrazo de su indiferencia. He conocido a mujeres que me consideraron un caso curioso digno de investigación, y a otras que creen que soy un reto que hay que superar. Una mujer a la que conocí a través de una página de citas *online* se me quedó mirando como si yo fuese un animal en el zoo, mientras que otra, que era logopeda, me dio una cañita en cuanto nos vimos en persona, pidiéndome que soplara por ella como si yo fuera un paciente haciendo un ejercicio de respiración. Yo deseaba decir a aquellas mujeres que no era un perro castrado que no ladra ni muerde; tengo deseos y sentimientos igual que ellas.

Poco después de regresar de Israel conocí a una mujer que llamó mi atención, igual que otras lo han hecho una y otra vez que he permitido que la esperanza arraigue en mi corazón. Me dije que aquel profesor se equivocaba. ¿Qué iba a saber él? Yo había desafiado otras expectativas, y volvería a hacerlo. Estaba seguro de que el interés que sentía por mí aquella mujer era genuino, y mi corazón estaba por las nubes cuando quedamos una tarde para tomar una pizza y charlar. Durante unas pocas horas me sentí tan normal como cualquier otra persona. Entonces aquella mujer me envió un correo electrónico para decirme que tenía una nueva pareja, y volví a sentirme hecho polvo.

¡Qué idiota era! ¿Cómo podía esperar que una mujer me quisiera? ¿Por qué iba a hacerlo? Sé que soy muy sensible y que enseguida siento dolor y tristeza. Esto me hace envidiar a las personas de mi edad que tuvieron una adolescencia y que aprendieron a jugar según las reglas de la vida. Por mucho que intento que no me importe, me parece casi imposible aceptar que el deseo de amar que arde con tanta fuerza en mi interior nunca se vea correspondido.

Ahora contemplo el mar y veo cómo las olas mueren en la arena, y recuerdo a una pareja que asistió a uno de los días de puertas abiertas que presenté en el centro de comunicación aumentativa. Me fijé en ellos de inmediato porque el hombre, que llegó con su esposa y dos niños pequeños, era más o menos de mi edad, y todo lo que había en ellos (desde su manera de mirarse el uno al otro hasta los silencios y sonrisas que decían tanto) me indicó que estaban muy enamorados.

Mientras su marido examinaba algunos de los aparatos que teníamos expuestos, su mujer me dijo en voz baja:

—Mi esposo tiene un tumor cerebral terminal y está perdiendo el habla. Pero queremos seguir hablándonos el uno al otro durante todo el tiempo que sea posible, y por eso hemos venido hoy, a ver si nos podíais ayudar.

»Quiere grabar en vídeo mensajes para nuestros hijos mientras aún pueda hacerlo, y creo que también quiere dejar uno para mí.»

De repente, el rostro de la mujer se crispó.

—Aún no estoy preparada para dejarle ir —susurró.

La desolación atravesó el rostro de aquella mujer como el viento invernal que sopla en una playa desierta, mientras ella pensaba en la incertidumbre de un futuro sin aquel hombre que la había anclado en la vida.

—¿Crees que podrías ayudarnos? —me preguntó con voz suave.

Asentí, y luego ella se fue para reunirse con su esposo, y sentí cómo me invadía la tristeza. ¿Cómo era posible que una familia que se quería tanto fuera a romperse? Entonces me sacudió otro sentimiento, una especie de envidia, porque cuando vi a aquel hombre y a su mujer sonreírse mutuamente, me di cuenta de que habían tenido ocasión de amar y ser amados como yo tanto lo deseaba.

Martin durante una conferencia en un
encuentro internacional en Israel.

42

Cuando chocan los mundos

Mi madre le sonríe a la fisioterapeuta que me saca de su consulta. Estoy cansado de venir aquí una semana tras otra, que me levanten y me animen a dar pasos vacilantes con mis piernas y mis pies doloridos. A pesar de eso, lo hago porque mis padres nunca han renunciado a la esperanza de verme caminar de nuevo. A veces me he preguntado si mi familia recuerda al niño que fui y le echan de menos, y por eso siempre han querido hasta tal punto que volviera a caminar, o que use una voz generada por ordenador en vez de un tablero alfabético.

Resulta difícil convencerles de que mi cuerpo es impredecible: el mero hecho de que un día me ponga de pie no significa que seré capaz de hacerlo al siguiente. A veces siento que casi les estoy fallando a mis padres, porque no progreso físicamente como ellos esperan, pero sé que a menudo eso es lo que pasa con los padres.

Una vez, cuando vino al centro de comunicación aumentativa un chico para que lo evaluaran, le dijimos a su madre que tendría que empezar a comunicarse usando un HeadMouse (la especie de puntero lumínico del que hablo en el capítulo 19), porque su cuello era la única parte de su cuerpo que lograba estabilizar. Pero su madre se mantuvo firme: quería que su hijo usara la mano, no la cabeza. Quería que se pareciese a todo el mundo en todos los sentidos, por nimios que fueran.

Entiendo por qué mis padres quieren verme caminar y hablar, pero es agotador vivir en un cuerpo que parece propiedad de todo el mundo. Por eso ayer le dije a mi madre que esta semana quería ir a fisioterapia sólo una vez, y espero que esté de acuerdo.

—¿Quedamos para el viernes? —pregunta la fisio cuando se detiene mi silla de ruedas.

Miro a mi madre, deseando que recuerde en qué quedamos antes.

—Sí —contesta ella sin mirarme.

La ira que siento arde como lava por mis venas. Mañana iré a ver a mi colega Kitty y me desfogaré con ella sobre lo que acaba de pasar.

«¿Qué sentido tiene comunicarse si nadie te hace caso?», le diré. «¿Cómo es que hablo y la gente se niega a escuchar lo que digo después de todos estos años?»

Sin embargo, por el momento controlo mi rabia para evitar que se lleve por delante a todo el mundo. Porque, por intensa que sea, aún es más fuerte el temor que tengo a expresarla. La ira es una de las emociones que aún me resulta casi imposible de manifestar, porque tuve que tragármela durante mucho tiempo. No siento que pueda expresarla ni siquiera ahora, estando como estoy atrapado por el tono monocorde de mi voz generada por ordenador y por el miedo constante a alienarme de las personas. Después de pasar tanto tiempo siendo un forastero, no quiero hacer nada que me devuelva a esa condición.

A medida que pasa el tiempo, me doy cuenta de que ahora siento miedo muy a menudo: tengo miedo a hacer algo equivocado, ofender a alguien o no hacer lo bastante bien un trabajo; temo pisarle el terreno a alguien, no estar a la altura de lo que me piden o expresar una opinión que, sin duda, será objeto de ridículo. Es una sensación casi constante, y es el motivo por el cual, después de seis años de empezar a comunicarme, no le digo a mi madre lo que pienso de verdad.

Sin embargo, también habito en otro mundo. En ese mundo me he convertido en uno de los dos primeros sudafricanos con un habla no funcional que se ha licenciado, y fui elegido para reunirme con el presidente Thabo Mbeki. He viajado, he hablado delante de cientos de personas, y mis colegas me respetan.

Pero en mi vida personal, a pesar de que mis familiares y mis amigos son mi cuerda de seguridad, en muchos sentidos sigo siendo el muchacho pasivo al que bañan y llevan de un lado para otro, el que sonríe y al que dejan al margen a menudo, el que siempre he sido.

Mis padres siguen cuidando de mí físicamente, protegiéndome del mundo exterior y de muchos de los perjuicios a los que podría someterme, pero ojalá me escucharan más. Estando con mi hermana Kim a menudo siento que soy un proyecto de rehabilitación más que un hermano, cuando vuelve de Gran Bretaña y me trae cosas nuevas: alfombrillas antideslizantes para el baño o rebordes de plástico para evitar que la comida se me salga del plato. Para otros soy un proyecto de beneficencia esporádico, alguien al que hay que arreglar, o ese hombre silencioso que se sienta sonriente y apacible en un rincón. Tomadas en su conjunto, estas cosas hacen que me sienta como si no tuviera derecho a la vida, como si siempre debiera pedir permiso por miedo a hacer algo incorrecto. El pasado sigue proyectando su sombra sobre mí.

Anhelo rebelarme, pero no sé cómo. En otro tiempo tuve a mi disposición vías banales y ocultas, y recuerdo la adusta satisfacción que me llenaba hace años cuando veía cómo los aparatos ortopédicos de mis piernas rayaban la pintura del coche de mi madre. Los llevaba puestos después de una operación especialmente dolorosa, de modo que cuando mamá me ayudó a salir del coche me complació mi acto de rebelión involuntario.

Hoy día no puedo justificar esa mala conducta, ni puedo echar a otras personas toda la culpa de mis frustraciones. Ni siquiera un cachorro de león abandona a su madre si tiene demasiado miedo. Sé que la independencia se da por hecho, y debo aprender a reclamar la mía, pero en ocasiones me pregunto si alguna vez encontraré el coraje necesario para hacerlo. Estamos en 2007, y hace un tiempo este mismo año abandoné por fin mi trabajo en el centro de comunicación aumentativa para empezar a trabajar a jornada completa en el instituto de investigación científica. Es un ascenso estupendo, esa clase de buena suerte profesional que muchas personas como yo jamás tendrán ocasión de experimentar.

Dado que en mi nuevo trabajo se anima a todo el mundo a estudiar, me inscribí en un curso a tiempo parcial en la universidad, pero me dijeron que primero tenía que graduarme de secundaria. A pesar de la paciencia con la que lo expliqué, nadie quería enterarse de que me acababa de licenciar de otro curso universitario siendo uno de los primeros de clase. La montaña que había escalado para obtener mi título no significaba nada ahora que intentaba algo distinto, que tenía su propio conjunto de reglas.

De modo que ahora estudio cada noche cuando vuelvo del trabajo para obtener el mismo graduado de secundaria que obtienen los chavales de dieciséis años, y me pregunto si tiene sentido intentar avanzar por la vida cuando el peso de todo lo que me retiene parece a veces demasiado grande como para soportarlo. Cuando me lo planteo todo, me pregunto si pronto tendré demasiado miedo, hasta el punto de que deje de creerme que me he ganado un lugar en esta vida y ya no sea capaz de seguir luchando por obtener otro.

43

Desconocidos

Fue solamente cuando renuncié a la vida cuando me di cuenta de que no necesitamos cuerdas y cadenas para mantenernos sujetos a este mundo; incluso los actos más insignificantes pueden esclavizarnos a él.

Era 1998, y yo tenía veintidós años. Hacía seis largos años que había empezado a ser consciente de todo, y por aquel entonces estaba convencido de que nadie sabría jamás que por dentro estaba entero. Después de tantos años de esperar en vano que me rescatasen, pensar en no escaparme nunca de la aplastante monotonía de mi existencia había hecho que me encerrase en mi interior. Sólo quería que mi vida acabase, y mi deseo casi se cumplió cuando enfermé gravemente de neumonía.

Lo que al final me hizo tirar la toalla fue descubrir que tendría que ir a aquel centro en el campo que tanto odiaba. Recuerdo que mis padres nos llevaron a todos a visitar a unos amigos suyos. Mientras mi madre me daba de almorzar, supe que no había nada que yo pudiera hacer para mostrar a los demás que no quería que volvieran a internarme. Mientras mi familia charlaba y reía a mi alrededor, no tenía ni idea del desespero que sentía en mi interior.

A la semana siguiente empecé a tener mucha mucosidad, y la cosa empeoró rápidamente. La gente enseguida se dio cuenta de que aquello no era un simple resfriado, porque comencé a tener fiebre y a vomitar. De hecho, me puse tan malo que mis padres me llevaron a urgencias en el hospital local, donde un médico me recetó un medicamento y me mandó de vuelta a casa. Cuando volví a empeorar, mi madre me llevó de vuelta al hospital y exigió que me hicieran una radiografía pectoral. Entonces descubrieron que tenía neumonía.

Me daba igual que me tratasen o no. Lo único en lo que pensaba era en que cuando papá se fuera a su próximo viaje de negocios me enviarían al centro. Sabía que no podría soportarlo más. Cuando mis riñones y mi hígado empezaron a fallar, escuché a mis padres hablar preocupados cuando estaban sentados a mi lado y yo perdía y recobraba la consciencia. Supe que estaba en una sala con otros pacientes, y de vez en cuando oía a las enfermeras que entraban corriendo para examinar a alguno cuando se disparaba una alarma.

La tristeza abrió un abismo en mi alma. Estaba cansado de vivir. No quería seguir luchando. Cuando me cubrieron la cara con una máscara que me proporcionaba oxígeno, rogué que me la quitasen; cuando vino una fisioterapeuta para masajear mi caja torácica para que expulsara la flema, deseé que no lo consiguiera; y cuando intentó introducirme un tubo en mi garganta renuente para aliviarme la congestión del pecho, anhelé que me dejara en paz.

—Tengo que ponerte esto —me dijo, casi enfadada—. Si no lo hago, morirás.

Cuando escuché esas palabras, me alegré. Rogué que la infección me invadiera y me librase del purgatorio en su batalla por obtener el control de mi cuerpo. Escuchaba a mis padres comentar el historial médico que estaba al lado de mi cama, y que papá siempre leía en cuanto llegaba. Kim también vino a verme, y el sonido de los zuecos que llevaba ese día resonaban por el pasillo al que daba mi cuarto, y luego la claridad de su sonrisa cuando se acercó a mirarme casi disipó las tinieblas. Pero nada podía llegar hasta mí, y oí sin escuchar a las enfermeras que se quejaban de sus condiciones laborales o de las citas que habían tenido con sus novios.

—Cuando entró en el cine delante de mí, le eché un buen repaso —le dijo una a otra mientras me lavaban—. Tiene un trasero supersexy.

—¡No piensas en otra cosa! —la reprendió su amiga entre risitas.

Era como si cada vez cayera más profundamente en una madriguera de conejo. Urgía a mi cuerpo a rendirse. En este mundo no me necesitaba nadie, y nadie se daría cuenta de mi desaparición.

No me interesaba el futuro, porque lo único que quería era morir. De manera que, cuando llegó la esperanza, fue como un soplo de aire fresco que atraviesa un sepulcro.

Una tarde, estaba echado en la cama cuando escuché a alguien hablando con una enfermera. Entonces apareció un rostro junto a mí y vi que era una mujer a la que conocía un poco, que se llamaba Myra. Trabajaba en la oficina donde mi padre firmaba cheques en su papel de presidente del comité administrativo de mi centro de salud. Pero ahora Myra había venido a verme, y no entendí por qué, dado que solamente venían mis familiares.

—¿Cómo estás, Martin? —preguntó Myra inclinándose hacia mí—. Quería venir a verte porque me he enterado de que has estado muy enfermo. Espero que te estén cuidando bien.

El rostro de la mujer reflejaba preocupación cuando me miró. Mientras sonreía vacilante, de repente me di cuenta de que otro ser humano, que no tenía vínculos sanguíneos conmigo ni tenía ninguna obligación, había pensado en mí. Por mucho que yo no quisiera, descubrir eso me dio fuerzas. Después de ese momento, casi inconscientemente, empecé a detectar la calidez que me prodigaban otros: escuché que una enfermera le decía a otra que yo le gustaba porque era un buen paciente, una cuidadora aliviaba mi piel dolorida frotándome loción en el hombro para evitar que se me formase una úlcera, y un hombre sonrió mientras pasaba a mi lado cuando yo estaba sentado en el coche, el día que salí del hospital. Todos estos incidentes no formaron un todo de repente, pero, al mirar atrás, sé que esos pequeños detalles procedentes de desconocidos fueron los que empezaron a amarrarme de nuevo al mundo.

Lo que acabó de vincularme a él fue algo que sucedió cuando volví a mi centro de día. A pesar de todo lo que había pasado para convencerme de que tenía un lugar en este mundo, aún era presa del desencanto: ni siquiera había sido capaz de morir decentemente. Seguía respirando, me despertaba por la mañana y me dormía por la noche, me alimentaban para fortalecerme y me sentaban a la luz del sol como una planta que necesita cuidados. No había nada que yo pudiera hacer para impedir que la gente me mantuviera con vida.

Pero un día, cuando estaba sentado sobre un saquito de ejercicios, se sentó a mi lado una cuidadora. Era nueva, de modo que no la conocía, pero reconocí su voz cuando se dirigió a mí. Sus manos tomaron uno de mis pies y empezaron a masajearlo, y sentí cómo daba golpes con las manos a mi pie dolorido y feo, deshaciendo los nudos y aliviando la tensión. Me parecía increíble que aquella mujer quisiera tocarme, y el hecho de que lo hiciera me hizo darme cuenta de que quizás hubiera algún pequeño motivo para no tirar la toalla del todo. Tal vez yo no era tan repulsivo como pensaba.

Entonces oí el crujido familiar del plumier con cremallera que aquella mujer solía llevar siempre consigo, lleno de los aceites que usaba para aromaterapia.

—Vamos a ello —dijo suavemente mientras el aroma a menta invadía el ambiente—. Seguro que ahora te sientes mucho mejor, ¿a que sí? ¿Y si hacemos tu otro pie a ver si también podemos relajarlo un poco?

Por supuesto, el nombre de aquella mujer era Virna, y fue la primera vez que me habló de verdad. Pero aquel momento fue el que dio cohesión a todas las demás piezas, completando el puzle. Yo no supe lo que me había dado cada uno de aquellos desconocidos hasta que uno de ellos tocó mi cuerpo roto, retorcido, inútil, haciéndome entender que yo no era aborrecible del todo. Y fue entonces cuando comprendí que quizá las familias son las que nos levantan una y otra vez, pero los desconocidos también pueden rescatarnos, incluso cuando no son conscientes de que lo han hecho.

44

Todo cambia

Sé que una vida puede destruirse en un solo instante: un coche pierde el control en una carretera transitada, un médico se sienta para dar malas noticias o alguien encuentra una carta de amor escondida en un lugar donde su propietario jamás pensó que mirarían. Todas estas cosas pueden hacer trizas un mundo en cuestión de segundos. Pero ¿es posible que suceda lo contrario, que una vida se cree en un momento en vez de destruirse? ¿Que un hombre vea un rostro y sepa que pertenece a la mujer con la que pasará el resto de sus días?

Es el tipo de mujer que haría cantar al corazón de cualquier hombre, y aun así estoy seguro de que en ella hay algo que sólo me habla a mí. La conocí el día de Año Nuevo hace un mes, cuando Kim telefoneó desde Inglaterra. Al principio no presté mucha atención mientras mis padres chateaban con mi hermana vía *webcam*, y escuché cómo Kim los presentaba a las amigas con los que estaba pasando el día. Pero cuando giré la cabeza, vi a una mujer con los ojos azules, el cabello rubio y la sonrisa más cálida que haya visto en mi vida, y mi mundo se trastornó para siempre.

Estaba sentada entre Kim y una tercera mujer, con el cabello castaño oscuro. Mientras juntaban sus caras para que salieran en pantalla, no dejaban de reír.

—Ésta es Danielle —dijo Kim, señalando a la mujer con el pelo castaño—, y esta otra es Joanna.

—Hola, Martin —dijeron las dos a la vez.

Enseguida me di cuenta de que ambas eran sudafricanas. Ella sonrió. Yo le devolví la sonrisa.

—¡Oooh! —dijo Danielle—. Es guapo.

Se me puso la cara como un tomate cuando las tres se echaron a reír, antes de que Kim se levantase para ir a hacer algo y yo me quedase a solas con Joanna y Danielle.

—¡Enséñanos los brazos! —pidió Danielle—. Soy terapeuta ocupacional, ¡y sé que los chicos como tú suelen tener unos brazos estupendos!

Sentí que me ponía incluso más colorado mientras las observaba. No estaba seguro de qué decir.

«¿Qué tal estáis?», escribí.

—¡Bien! —repuso Danielle—. ¿Qué estás haciendo hoy?

«Trabajando, como los demás días. ¿Cómo os fue la fiesta de fin de año?»

—Divertida. Fuimos a Londres. Fue genial.

Joanna era más callada que Danielle, pero vi cómo bajaba la vista cada vez que yo escribía algo. Escuchaba cada palabra que decía. Yo quería escuchar su voz.

«¿Y cómo conociste a mi hermana, Joanna?», pregunté.

—Trabajamos juntas —contestó—. Soy trabajadora social, como Kim.

«¿Cuánto tiempo llevas en el Reino Unido?»

—Siete años.

«¿Y te gusta?»

—Sí. Trabajo mucho, pero me gusta.

Me sonrió, y los dos nos pusimos a charlar. No fue nada extraordinario. Simplemente hablamos de nuestras navidades y de la resolución que habíamos hecho para el Año Nuevo, de la música que nos gustaba y de las películas que queríamos ver. Pero cuando Danielle se alejó del ordenador y nosotros dos seguimos conversando, las palabras parecieron perder toda importancia. Joanna era hermosa, muy hermosa, y era fácil conversar con ella: se reía y bromeaba, escuchaba lo que le decía y me formulaba preguntas. No era habitual para mí encontrar a alguien con quien poder charlar con tanta facilidad, y pasaron dos horas en un abrir y cerrar de ojos.

«Tengo que irme», dije, de mala gana, cuando me di cuenta de que hacía rato que había pasado la medianoche.

—Pero ¿por qué? —preguntó Joanna—. ¿No te gusta que hablemos?

Deseé poder decirle hasta qué punto me encantaba.

«Mañana tengo que levantarme temprano», contesté, no queriendo decirle que mi padre tenía que meterme en la cama porque era tarde y quería irse a dormir.

—Vale —repuso Joanna—. ¿Nos aceptamos como amigos en Facebook para poder hablar más?

«Sí. Volveremos a contactar pronto.»

Nos despedimos, y mientras apagaba el ordenador y llevaba a *Kojak* a dar su último paseo de la noche, me embargaba la emoción. ¡Joanna era tan cariñosa! Parecía interesada en mí, y era evidente que deseaba que volviéramos a conversar.

Pero entonces la realidad atacó de nuevo. Justo antes de Navidad había conocido a una mujer que me gustaba mucho, y me agradó que me invitase a ir con ella al teatro. Entonces llegó junto a su novio y me sentí como una especie de perro de lo más patético al que le convidaban a un dulce. ¿Por qué hacerme ilusiones otra vez? Una y otra vez había quedado claro que no era el tipo de hombre al que quieren amar las mujeres, y me habían rechazado demasiadas veces. Si Joanna quería que fuésemos amigos, precisamente lo mismo que todas las otras mujeres a las que había conocido, tendría que contentarme con eso.

Cuando entré en casa y me acosté, me prometí olvidarme de lo que había pasado. Joanna estaba a medio mundo de distancia, y ahí se quedaría. Me sentía tonto al desear algo que, una vez tras otra, me había quedado claro que no podría obtener.

Entonces llegó un correo electrónico.

«Hola, Martin —escribía Joanna—. Esperaba que me enviaras un mensaje, pero como no ha llegado pensé que mejor contactaba yo contigo. Me gustó conversar contigo, así que dime si quieres que volvamos a hablar.»

¿Qué podía hacer yo? Ningún hombre puede resistirse a semejante tentación.

45

¿Conocemos a Mickey?

—Tengo que preguntarte algo —me dice Joanna mientras contemplo su rostro en la pantalla.

Estamos a mediados de febrero, y hemos mantenido un contacto constante desde que nos conocimos. Durante la primera semana más o menos nos enviamos correos educados, abriéndonos camino el uno hacia el otro como nadadores que mojan la punta de los pies en el agua del mar antes de decidirse a entrar en él. Pero pronto olvidamos nuestra cautela y empezamos a conversar por Internet todas las tardes. Cada noche era tan fácil como la primera, y en cierta ocasión descubrimos que estábamos chateando mientras amanecía, antes de darnos cuenta de que aún nos quedaban cosas por decir.

Nunca había pensado que pudiera ser así con otra persona, que pudiera mantener una comunicación tan fácil y sencilla, o que hablar con una mujer pudiera ser tan natural como lo es con Joanna. Quiero saberlo todo de ella, y las palabras se apelotonan mientras nos contamos cosas de nuestras vidas y lo que ha pasado en ellas; desde los detalles pequeños, diminutos, como las canciones que nos gustan, hasta los sucesos más importantes de mi vida como chico invisible y la muerte del padre de Joanna, al que ella adoraba. Es como si no hubiera nada que no pudiese decir, porque Joanna me escucha de una manera que yo desconocía: se muestra interesada, divertida y sensible, positiva, inquisitiva y soñadora igual que yo. Hablamos de los pequeños detalles de nuestros días y de nuestras esperanzas para el futuro, y hablo con mayor sinceridad sobre nuestros sentimientos más profundos de lo que lo haya hecho jamás. No hay necesidad de esconder nada.

Siento que puedo confiar en ella. Cada vez que sonríe, mi decisión de mantener mis sentimientos en la perspectiva correcta se debilita un poco más, y me olvido de la razón mientras siento que me sumerjo cada vez más en este nuevo mundo. A sus treinta y tres años, Joanna es un poco mayor que yo. Es trabajadora social, como mi hermana Kim, y vive cerca de ella en Essex. Pero el vínculo con Kim es tan sólo el último de una larga cadena de «casi encuentros» que hemos tenido con el paso de los años. Joanna y yo descubrimos que en la escuela habíamos acudido a los mismos eventos deportivos regionales, y ella incluso visitó mi centro de salud cuando era estudiante. Hemos estado tan a punto de conocernos tantas veces que parecía inevitable que al final lo hiciéramos. Si creyera en el destino, pensaría que estábamos destinados a encontrarnos.

Ahora que Joanna abre la boca para contarme algo, parece un poco nerviosa, y yo sonrío para mis adentros. Incluso después de un tiempo tan corto, conozco su rostro lo bastante bien como para saber si está cansada o feliz, molesta o exasperada. Me he pasado las horas muertas estudiándola mientras charlamos, y me he dado cuenta de que su rostro no es una máscara como los de la mayoría de la gente; si me fijo lo suficiente, en él puedo leer todas sus emociones.

—A final de mes voy a ir a Disney World —me dice, y sus palabras brotan apresuradamente—. Y llevo toda la noche pensando en esto, de modo que te lo digo y punto: ¿quieres venir conmigo? Sé que es pronto, pero me parece de lo más adecuado, no sé por qué.

Me quedo mirando la pantalla con incredulidad. Cada una de las sílabas que pronuncia me llena de felicidad.

—Sé que antes nunca has hecho un viaje tan largo en avión, pero estoy segura de que encontraríamos una aerolínea con la que pudieras viajar —me dice—. He consultado varias páginas web y hay asientos libres.

»Yo voy a estar dos semanas, pero tú podrías estar el tiempo que quisieras. Me he puesto en contacto con el hotel en el que me voy a alojar y la habitación tiene dos camas, de modo que podríamos compartirla. Por favor, piénsatelo. No me digas que no de primeras.

»Quiero conocerte en persona, y creo que a ti también te gustaría conocerme. Por favor, que el dinero no sea un problema, ni te preocupes mucho por el trabajo. Entiendo que sientas que no puedes dejarlo todo así como así, pero a veces en la vida hay que hacerlo, ¿no crees?»

Se me petrifica la mano sobre el teclado. Lo que casi me sorprende más es que no tengo miedo ni siento dudas. Me siento sobrepasado por las circunstancias, pero estoy eufórico, no tengo miedo. Ella quiere conocerme. No necesito preguntarme si quiero ir. Quiero reunirme con Joanna más de lo que he querido cualquier otra cosa en esta vida. Pero al preguntarme cómo se lo voy a decir, me doy cuenta de que las palabras no son suficientes.

«Me encantaría ir —escribo—. De verdad.»

—¿En serio?

Me sonríe esperando que le diga algo más, pero no puedo. Mientras la contemplo en el monitor del ordenador que tengo delante, mi mente va a cien por hora.

—Sé que necesitarás ayuda, y no me importa prestártela —me dice—. Pero es que tenemos la oportunidad de conocernos en persona, ¡y creo que deberíamos aprovecharla!

Se le escapa una risita. Me encanta cuando se ríe.

«¿Por qué quieres que nos veamos?», pregunto.

Tengo que preguntarlo. Esta pregunta me ha estado rondando por la mente desde el momento en que ella me ha pedido que participe de un plan tan alocado.

Guarda silencio unos instantes.

—Porque eres el hombre más sincero que he conocido en la vida —dice—. Y porque, aunque sólo hace unas semanas que te conozco, me has hecho muy feliz. Me haces reír, eres interesante y comprendes lo que te digo de una forma que nadie ha entendido antes.

Nos quedamos callados un momento. Veo por la *webcam* cómo levanta la mano hacia la pantalla y sé que la extiende para tocarme a través de los diez mil kilómetros que nos separan.

—¿Así que seguro que vendrás? —pregunta.

«Quiero ir —respondo—. Haré todo lo que pueda para que nos veamos.»

Miro su rostro. No me puedo creer que esté tan segura de la vida que crea que todo es tan sencillo como comprar un billete de avión y conocer a un desconocido. Está muy segura de que un día encontraremos el amor, y me dice que no podemos apresurar ese momento ni controlarlo, sólo debemos permitir que llegue cuando quiera. No se siente derrotada por el amor como yo a veces, y siento cómo su optimismo me va invadiendo célula tras célula, haciéndome creer que todo es posible.

—Las cosas suceden en el momento justo —me dice Joanna—. Hay un plan para cada uno de nosotros.

Levanto la mano para apoyarla contra la imagen de la suya en el monitor que tengo delante. ¡Cómo deseo sentir a Joanna cerca, cómo me arde el corazón cuando miro su rostro y soy consciente de que realmente siente lo que dice! Quiere conocerme en persona. Quiere dedicar un tiempo a conocerme. Estoy deseando estar con ella. Pero primero hay algo de lo que debo hablarle.

«Quiero hablarte de cómo funciona mi cuerpo —escribo—. Quiero que entiendas exactamente quién soy.»

—Vale —responde.

46

Mi verdadero yo

«No voy a edulcorarlo», le escribo en un correo electrónico. «Te voy a decir todas las cosas para las que necesito ayuda, y si después de leer este mensaje cambias de opinión, no pasa nada.

»Como de todo y puedo alimentarme usando los dedos, pero necesito ayuda para comer con cuchillo y tenedor. No puedo entrar y salir solo de la ducha, pero puedo lavarme y secarme, aunque quizá te pida que me abras el tapón del champú.

»También me tienen que afeitar, porque yo no puedo hacerlo, y si me dejan la ropa al lado me las arreglo para vestirme solo. Lo que no puedo es abrochar botones, subir cremalleras o atarme los cordones de los zapatos.

»Necesito ayuda para entrar y salir del baño, y para entrar y salir de vehículos desde mi silla de ruedas. No puedo sentarme sin apoyar la espalda, de modo que cuando no estoy en mi silla debo contar con un respaldo.

»Puedo usar los pies para desplazar mi silla sobre un suelo liso, pero no por uno que esté enmoquetado o tenga alfombras, y aunque puedo mover mi silla por diversas superficies empujando con los brazos, no tengo fuerza suficiente para impulsarme por un camino empujando con los brazos o una acera si estoy en mi silla manual.

»Creo que más o menos eso es todo. ¡Ah! Y bebo usando una cañita.»

Miro el monitor una última vez. Al clicar en el botón de enviar se me acelera el pulso. Me pregunto si no estaré loco por explicarme tan a las claras, en blanco y negro. Pero quiero ser totalmente sincero con Joanna, porque no necesito a un cuidador o a alguien que me compadezca. No quiero a una soñadora cuya fantasía se desmorone cuando se enfrente a la realidad, alguien que quiera rescatarme o una mujer que me ame a pesar de mi cuerpo, que dista de ser perfecto. Si quiero que me quieran por lo que soy, Joanna debe saberlo todo de mí. A pesar de que me da miedo contarle esto, estoy seguro, de alguna manera, que a ella no le importará. No puedo explicar exactamente por qué; sólo sé que es así.

A la mañana siguiente recibo respuesta a mi mensaje.

«No hay ningún problema —escribe Joanna—. Ya iremos solventando las cosas según vengan.»

El sentimiento que me invade es como la paz que llega cuando cae la última hoja de un árbol en un bosque otoñal. Todo está en silencio. He vivido toda mi vida como una carga. Ella me hace sentir ingrávido.

47

Corazón de león

¿Cómo es que Joanna era tan intrépida? Esto es lo que me he preguntado una y otra vez desde el día en que se fue a Estados Unidos sola porque no pude conseguir un visado a tiempo para reunirme con ella. Los dos nos sentimos muy decepcionados, pero al menos ahora sabemos que vernos en persona no es una fantasía, sino sólo cuestión de tiempo.

Por el momento, estoy aprendiendo a caminar por el filo de la forma nueva e inesperada que está adoptando mi vida. Hasta ahora mi existencia ha estado repleta de los ángulos rectos y definidos que son propios del orden y de la rutina. Pero de repente está llena de curvas inesperadas y de ese tipo de caos que, según estoy aprendiendo, puede crear otra persona. Joanna está desarraigando todo lo que me entrené para esperar y aceptar: me había diseñado para llevar una vida seria, llena de trabajo y estudio, y de repente ella me hace reír hasta que se me saltan las lágrimas; creía que nunca encontraría a una mujer a la que amar, y ahora empiezo a tener la esperanza de haberla encontrado. Normalmente, soy muy prudente y considerado, pero Joanna me vuelve temerario. No ve barreras, sino posibilidades; no tiene nada de miedo, y yo empiezo a sentir lo mismo.

Me contó que lo que le ayudó a ver más allá del cuerpo de una persona era una amistad que tuvo de pequeña; su amigo se quedó paralítico de cuello para abajo. Tenía tan sólo veintipocos años, y pudo pensar que su vida carecía de sentido después de aquella noche en la que un tren se llevó por delante el coche en el que circulaba. En lugar de eso, decidió ser granjero como su padre. Hoy está casado y dirige una granja de mil acres.

—Vale, no puede tomarse un té sin ayuda, pero sabe gestionar una granja, porque puede hablar, y eso es todo lo que necesita —me dijo Joanna—. Además, es mucho más feliz que mucha otra gente que conozco.

Pero yo creo que las raíces de su valentía se remontan mucho más lejos, hasta su infancia en el campo sudafricano, cuando la libertad que forma parte integral de esa tierra se filtró en su ser. Y si hay una persona responsable de su coraje creo que es su padre, Art Van Wyk. Él también era granjero, y desde que sus tres hijas y su hijo fueron lo bastante mayores como para cuidarse solos, les dejó libres en sus tierras.

«Tenéis que probar siempre las cosas hasta que ya no podáis hacerlas —decía a sus hijos—, en vez de decir que no y ni siquiera intentarlo.»

De modo que Joanna y sus hermanos aprendieron a manejar armas de fuego de una forma segura cuando aún eran pequeños, y a recorrer con libertad las tierras que cultivaba su padre. Cuando Art padeció un ataque cardiaco a los treinta y seis años, una de las primeras cosas que hizo después de salir del hospital, donde le habían practicado un *bypass*, fue localizar la rama más alta de un árbol y lanzar una cuerda por encima para construir un columpio para sus hijos. Éste pendía sobre el cauce seco de un río.

«¿Hasta qué altura podéis llegar?», les dijo, encantado, mientras ellos volaban por el aire encima de su cabeza.

Art sabía que había estado cerca de la muerte unas décadas antes de lo que le correspondía por edad, pero no pensaba dejar que eso le intimidase para ser excesivamente protector de sí mismo y de sus hijos. De modo que, cuando los llevó a la costa a ver el mar, les dejó nadar entre las olas, sin perderlos nunca de vista para asegurarse de que no les pasaba nada, pero dejándoles experimentar solos el oleaje. Cuando iban al interior del país en busca de caza, dejaba que Joanna y sus hermanos se sentaran en la trasera de la furgoneta, que no tenía techo.

«Ya me pararé a recogerlos cuando se caigan, pero no antes», le dijo a la madre de uno de los amigos de Joanna cuando ésta se quejó de las condiciones en que viajaban los niños.

Los recuerdos más preciados de Joanna son de las vacaciones que ella y su familia hacían cada año, cuando iban a una granja situada en la frontera del Parque Nacional Kruger, granja que pertenecía al mejor amigo de su padre. Durante aquellas preciosas semanas Joanna y sus hermanos vagabundeaban por la sabana buscando leones, ñus, elefantes e impalas, y aprendiendo lecciones valiosas sobre la vida salvaje y sobre ellos mismos.

Primero aprendieron la humildad que conlleva entender la poca importancia que tienen en realidad los deseos humanos: los elefantes que se abren paso por los senderos conocidos hasta llegar al agua pisotearán a las personas que se interpongan en su camino, y un enjambre de abejas no tolerará un dedo ladrón que quiera probar la miel de su panal. Por importantes que creamos ser, no somos más que una nota a pie de página del ciclo natural.

Segundo, aprendieron a estar atentos en todo momento, después de descubrir que los leones se vuelven casi invisibles cuando están tumbados entre la hierba larga y seca para hacer la siesta vespertina. Los niños tenían que estar atentos constantemente, vigilando cada paso que daban, para evitar toparse sin querer con una manada dormida.

Y, por último, aprendieron el arte del valor y cómo aplicarlo: cuando se enfrentaban con un elefante furioso, sabían que tenían que correr todo lo deprisa que pudieran, pero si un león arremetía contra ellos, tenían que quedarse clavados en tierra para engañar al felino y convencerle de que no eran una presa que valiera la pena.

Éstas fueron las lecciones que Joanna aprendió de niña, y ese coraje le otorgó una libertad de espíritu que hasta ese momento yo ignoraba que existiese. Pero poco a poco está empezado a transmitírmela, y siento que por dentro empiezo a volar alto.

48

Me declaro

Anoche, de madrugada, le escribí: «No puedo dejar de pensar en ti. Te quiero. Tenía que decírtelo».

¿Cómo lo sé? No estoy seguro, pero hay algo, que no es la lógica ni la razón, que me dice que es cierto. Sólo hace unas pocas semanas que la conozco, pero estoy seguro de que a estas alturas la he conocido toda una vida.

«Amor mío —escribe Joanna a la mañana siguiente—. ¿Sabes cuánto tiempo hace que quiero empezar una carta con estas palabras? Pero hasta ahora no he tenido ocasión de hacerlo. ¡Qué feliz me haces! Te quiero tanto que casi me duele.»

Cuando leo estas palabras el corazón me da un vuelco.

«Sé que es una locura, porque ni siquiera nos hemos visto en persona —escribo—. Pero estoy más seguro de lo que siento por ti de lo que lo he estado de cualquier otra cosa.»

«Lo entiendo —me dice—. Tengo que recordarme sin cesar que esto es real, porque a veces no me acabo de creer que me sienta así. ¿Cómo iba a hacerlo? No sabía que pudiera sentir algo así, y eso hace que me dé casi miedo. Es como si ya no tuviera control sobre mis emociones.»

«Pero, por mucho que me pregunto si estoy loco, sé que me da lo mismo —le digo—. Te quiero. Es así de sencillo.»

Hablamos con urgencia, con unas palabras que van y vienen en correos, mensajes de texto y la comunicación telefónica por Internet, mientras intentamos encontrarle un sentido a lo que experimentamos.

«Pero ¿cómo puedes estar seguro de lo que sientes cuando ni siquiera nos hemos visto en persona?», pregunta Joanna.

«Porque lo siento físicamente, con todas las fibras de mi ser —le digo—. Cuando te digo estas palabras, se me encoge el corazón. Sé que en muchos sentidos no tiene lógica, pero es como si estuviéramos conectados. Siento que me aceptas más que cualquier otra persona a la que haya conocido en mi vida.»

«Estoy como loca —contesta ella—. Es como si tuviera que hacer una pausa y pellizcarme, porque estoy totalmente enamorada de un hombre al que nunca he visto, y siento que hace años que te conozco.»

Entiendo por qué tenemos que hacer preguntas sobre un huracán que se ha metido en nuestras vidas sin previo aviso. Cuando tu mundo se convierte en algo distinto de la noche a la mañana, es normal desorientarse. Pero el amor no es lógico, y nuestras dudas pronto se disipan. Con el paso de los años, a menudo he oído a la gente decir que uno sabe cuándo ha encontrado a la persona idónea, y ahora entiendo lo que querían decir. Es un sentimiento que no se parece a nada de lo que he conocido en mi vida.

49

Azúcar y sal

Soñando junto con Joanna me pierdo en ella.

«Quiero bailar contigo», le digo.

Pintamos imágenes con palabras cuando nos contamos todas las cosas que haremos cuando por fin nos encontremos. Cuando no estamos trabajando, nos pasamos casi todo el rato *online*. Nuestros días han adquirido un ritmo propio, que compartimos desde puntos opuestos del mundo, porque la diferencia horaria entre Sudáfrica e Inglaterra es sólo de un par de horas. Esto quiere decir que por las mañanas puedo despertar a Joanna con un mensaje, hablar con ella antes de ir a trabajar y enviarle correos durante el día antes de pasarnos toda la tarde juntos *online*. No apagamos el ordenador hasta que uno de los dos tiene que ir a cenar o contestar al teléfono. Si Joanna me llama a última hora de la noche, hablo con ella usando los «bips» que emite mi móvil para decir «sí» o «no», de modo que al final podamos decirnos algunas palabras.

Nuestro anhelo mutuo es tan fuerte que hace poco decidí enviarle un mensaje de texto cuando me desperté de madrugada, sabiendo que ella estaría volviendo a su casa después de una cita con sus amigos.

«Acabas de despertarme», bromeé, y unos segundos más tarde el teléfono me indicó la llegada de un mensaje.

«No te lo vas a creer —contestó Joanna—, pero se me acaban de caer las llaves cuando abría la puerta, y antes de darme cuenta de que era imposible he pensado que te habría despertado.»

Otro día empezó a dolerme la mano derecha, y le dije a Joanna que no entendía por qué me pasaba eso.

Ella contestó, riendo: «¡Es que yo también me he hecho daño hoy en esa mano!»

No puedo explicar estas cosas, pero no tengo por qué cuestionar las coincidencias misteriosas pudiendo concentrarme en lo que es real. Estamos en abril de 2008, y he comprado un billete para ir en avión al Reino Unido a principios de junio. Sólo quedan ocho semanas hasta que Joanna y yo estemos juntos y podamos decidir cuál será nuestro futuro. Ya sabemos que nos queremos, lo cual quiere decir que no tenemos otra opción que buscar una manera de estar juntos.

Mis padres están nerviosos, pero lo disimulan. ¿Estará de acuerdo la aerolínea en dejarme volar tan lejos solo? ¿Quién me dará de comer del diminuto plato que me ofrecerán, o quién me sujetará en mi asiento para asegurarse de que no me golpee la cabeza cuando la gravedad nos proyecte hacia delante en el momento de aterrizar, porque no tengo suficiente equilibrio como para resistirme? Pero incluso cuando sus preguntas revolotean por el aire a mi alrededor, me recuerdo la promesa que me hice de obtener mi independencia. Tengo treinta y dos años. Han pasado casi siete años desde que me evaluaron, y he aprendido mucho. Ha llegado el momento. No tengo por qué tener más miedo.

Sin embargo, por muy seguros que estemos Joanna y yo, sabemos que si queremos que nuestra relación sobreviva hemos de aprender a llevarla entre los escollos de las dudas de otras personas. A medida que las semanas se han convertido en meses, cada vez ha sido más evidente que algunos sospechan que nuestros sentimientos son una ficción que escribimos juntos, sin que la incomodidad de la realidad mundana nos arruine el argumento. Piensan que ese espejismo no sobrevivirá en la vida real, y yo entiendo su escepticismo: nunca nos hemos visto, nuestras vidas son totalmente distintas, y esto no tiene ningún sentido. Pero también hay momentos en los que desearía que Joanna no tuviera que sentir el dolor que le infligen las buenas intenciones de otras personas. Aunque yo estoy muy acostumbrado, haría cualquier cosa para protegerla de esos ataques.

«¿Qué ha pasado?» —le pregunto una tarde.

Tenía una expresión más triste de lo habitual, sin la luz que caracteriza su rostro.

—He tenido una tarde espantosa —me dice.

—¿Y eso?

—He quedado con unos amigos y estaba tan emocionada que les he hablado de ti. Pero no han querido ni oírme. Lo único que me preguntaban sin cesar era si era consciente de lo vulnerable que eres. Pensaban que era cruel por mi parte hacerte creer que podríamos tener un futuro juntos.

Su voz se rompía de tristeza.

—Ha sido terrible —me dijo—. No podía decirles nada, porque no me fiaba de lo que podría salir de mi boca.

—Lo siento mucho.

—No es culpa tuya. Pero no entiendo cómo mis amigos pueden haberme dicho cosas así. ¿Es que no me conocen en absoluto? Es como si fuera una niña en la que no confían.

—Conozco bien ese sentimiento.

Durante un instante su rostro se iluminó, pero luego recuperó su pesadumbre.

—Esto me hace plantearme qué pensarán otros cuando nos conozcan —dice—. Me molesta darme cuenta de que quizá lo único que vean sea tu silla de ruedas. ¡Es una equivocación! Mis amigos ni siquiera mencionaron el hecho de que aún no nos hemos visto. Lo único que les preocupaba es lo menos importante de todo.

—A menudo pasa eso —escribo—. La gente olvida todo excepto el hecho de que no puedo andar.

—Lo sé —me dice con tristeza—. Pero no debería ser así.

Mientras observaba a Joanna, me embargó el deseo de extender la mano y tocarla, asegurarle con el contacto físico que demostraremos a la gente que se equivoca. Deseé disponer de alguna manera para demostrarle lo seguro que estoy de que así será. Después de todo, el amor es otra forma de fe. Sé que el nuestro es real, y creo en él por completo.

—La gente tendrá que aprender a aceptarnos, porque así es como nos sentimos, y no podemos cambiarlo», le dije.

—¿Pero ¿crees que lo harán?

—Sí.

Guardó silencio unos instantes.

—Me entristece saber que no podré hablar otra vez de ti con mis amigos. Siento que no podré hablar con ellos de lo más precioso que hay en mi vida.

«Quizá con el tiempo sí puedas. A lo mejor cambian de opinión cuando vean que permanecemos juntos venga lo que venga.»

Me sonrió.

—Quizá, mi *liefie* —me dijo en voz baja.

Así es como me llamo ahora: mi *liefie*, mi amor.

Sin duda que nos encontramos con obstáculos. Estar en continentes distintos y hablar por teléfono e Internet, en lugar de cara a cara, puede dar pie fácilmente a malentendidos, de modo que hemos empezado a introducir reglas. La primera es que debemos ser siempre sinceros el uno con el otro; la siguiente es que resolveremos los problemas juntos.

«A veces hay que tomar un poco de sal», dicen las madres sudafricanas a sus hijos cuando intentan enseñarles que nada es perfecto, cada vez que vuelven a casa llorando por alguna injusticia cometida en el recreo.

Joanna y yo sabemos esto, y los obstáculos a los que nos enfrentamos (ya sean las preguntas de otras personas o la reluctancia por parte de la compañía aérea de llevarme al Reino Unido) hacen que nos acerquemos más el uno al otro. Para conseguir un vuelo a Londres he necesitado informes y permisos médicos, rellenar impresos y llevar papeles firmados por doctores. Pero Joanna ha sido tan firme como yo a la hora de decidir que no nos vencerán. Una mañana, cuando me llamó al trabajo, me sentí como si nos hubiésemos enfrentado al mundo y le hubiéramos ganado.

—La compañía aérea ha aceptado llevarte —la oí decir—. ¡Vendrás al Reino Unido!

Fue una gran victoria para nosotros, pero hay otros problemas pequeños que también estamos aprendiendo a superar juntos.

Una noche, Joanna me dijo:

—Me he dado cuenta de que nunca te oiré decir mi nombre.

Antes no habíamos hablado del tema, pero cuando me lo dijo percibí el dolor en su voz.

—Me pone muy triste saber que nunca oiré las palabras «Te quiero» —me dijo—. Y aunque no tengo ni idea de por qué estoy pensando en estas cosas, por algún motivo me resulta imposible olvidarlo. Es como si hubiera perdido algo, aunque no estoy segura de qué ha sido.

Yo deseaba consolarla, pero al principio no supe cómo hacerlo. Después de tantos años doy por sentado mi silencio, y hace mucho tiempo que dejé de lamentarme por no tener una voz que ni siquiera recuerdo haber tenido, pero entendí que Joanna se lamentara por algo precioso. Pocos días después, estábamos chateando *online* y yo empecé a manipular el teclado para activar mi sistema de comunicación. Pocas veces lo uso para hablar con Joanna, porque ahora mis manos son lo bastante fuertes como para teclear mientras hablamos, y mi portátil no es compatible con nuestra conexión de Internet. Pero desde que me dijo que le gustaría oír mi voz, he estado trabajando en algo para ella.

«Escucha —escribí—. Hay algo que quiero decirte.»

Ella guardó silencio y yo pulsé una tecla del teclado del portátil que tenía delante.

—Joanna —dijo una voz.

Era Perfect Paul, y pronunció el nombre de Joanna exactamente como yo le había enseñado después de pasarme horas desentrañando su pronunciación de las vocales y las consonantes. En lugar de decirlo a la manera británica (Jo-A-nA), Perfect Paul lo pronunció con el acento sudafricano, como ella está acostumbrada a escucharlo: Jo-nAH.

—Te quiero —dijo Perfect Paul.

Joanna sonrió y luego se echó a reír.

—Gracias.

Hace poco le envié un sobre que contenía una fotocopia de mis manos, después de que me dijera una y otra vez lo mucho que deseaba tocarlas.

—Ahora te tengo conmigo —me dijo sonriendo a medio mundo de distancia.

Es cierto que en toda vida hay tanta azúcar como sal. Espero que siempre compartamos ambas cosas.

50

La caída

La expresión «caer rendido», aplicada a los enamorados, es correcta. No llegamos al amor planeando ni nos tropezamos con él. En lugar de eso, nos tiramos de cabeza desde el momento en que decidimos abandonar el borde del acantilado con alguien, para ver si volamos juntos. Puede que el amor sea irracional, pero tomamos la decisión de arriesgarlo todo. Sé que con Joanna estoy haciendo una apuesta, porque siempre quedará una fracción de duda, por pequeña que sea, hasta que nos veamos cara a cara. No obstante, la lección más importante que aprendo con ella es que vivir la vida consiste en tomar decisiones, aunque te dé miedo hacerlo.

Fue más o menos una semana después de haber conocido a Joanna cuando tomé la decisión de permitirme enamorarme de ella. Ella me envió un correo y yo estaba a punto de responderle cuando, súbitamente, me detuve.

«¿Voy a jugármela otra vez con mi corazón? —pensé—. ¿Voy a volver a apostar?»

Supe la respuesta a mi pregunta en el mismo momento en que la formulé, porque el premio al que aspiraba era, después de todo, lo que más quería en la vida. Supe lo que tenía que hacer. Pero me prometí que si quería encontrar un amor auténtico, que pudiera capear las inevitables tormentas que nos traería una vida juntos, no debía fingir ser lo que no era. Quería ser totalmente sincero con Joanna sobre el tema que tratásemos, ya fuera los maltratos que padecí, mis necesidades asistenciales o el deseo intenso que sentía de hacer el amor a una mujer, porque no podía permitir que el miedo me obligase a esconderme.

A veces, cuando le contaba las cosas me sentía valiente, pero en otras ocasiones el terror al rechazo era el espectro que me acosaba, pero me obligaba a mí mismo a continuar. Todo lo que había aprendido desde el día en que me metieron en una habitación y me pidieron que centrase la vista en la imagen de una pelota me ha dado la capacidad de arriesgar ahora mi corazón. A veces las lecciones han sido dolorosas, pero estar ahí fuera en el mundo, cometer errores y progresar me ha enseñado que la vida no se puede experimentar manteniéndola a distancia, como si fuera un proyecto académico. Hay que vivirla, y durante demasiado tiempo he intentado mantenerla a raya enterrándome en el trabajo y en el estudio.

Ahora entiendo por qué fue así. Durante mucho tiempo no supe cómo estar en el mundo. Me parecía confuso, desorientador, y en muchos sentidos yo era como un niño. En aquel entonces pensaba que el bien y el mal eran blanco y negro, como lo había visto en la televisión durante tantos años, y decía la verdad exactamente como la veía. Pero pronto descubrí que la gente no siempre quiere escuchar la verdad. Lo que puede parecer correcto no lo es siempre necesariamente. Aun así fue difícil, porque la mayor parte de lo que tuve que aprender no se veía ni se decía.

Lo que me costó más dominar fue la red compleja de comportamientos y jerarquías por la que se movían mis colegas. Sabía que comprender esas reglas me ayudaría en muchos sentidos, pero al principio tenía demasiado miedo hasta de intentarlo, por temor a equivocarme. En lugar de participar en las reuniones y utilizar algunas de las palabras que había introducido en mi ordenador durante horas, por si las necesitaba, me quedaba callado. Y en lugar de hablar abiertamente con compañeros de trabajo a los que no conocía bien, permanecía en silencio. Cuando una me dijo que ella se limitaba a «hacerme de canguro», me la quedé mirando inexpresivo, porque no estaba seguro de qué contestarle.

Pero poco a poco he ido aprendiendo a fiarme de mi propio criterio, aunque a veces me equivoque, y me he apercibido de que la vida consiste en matices de gris, no de los colores blanco y negro. Y lo más importante que he aprendido es a correr riesgos, porque antes de empezar a comunicarme jamás los había corrido. Pero me vi obligado a ello después de empezar a trabajar, porque sabía que si no lo hacía nunca subiría por la jerarquía laboral. De modo que dediqué muchas horas de tiempo extra, me mantuve callado cuando me daban tareas que no comprendía y me tragaba la decepción cuando mis compañeros recibían felicitaciones por un trabajo al que yo sabía que había contribuido. Por otro lado, conocí a muchas personas que me ayudaron y me guiaron, me escucharon y me apoyaron cuando dudaba de mí mismo.

Es imposible infravalorar lo mucho que me costaba creer en mí mismo en ocasiones. Cuando estaba sentado intentando resolver un problema informático complejo, me acechaban los fantasmas de todos aquellos años en los que me trataron como a un imbécil. No fue hasta que empecé a trabajar cuando me di cuenta de lo profundamente que los años pasados en centros terapéuticos habían grabado en mi ser la necesidad de la familiaridad y la rutina. Lo único que deseaba era seguir avanzando, pero a veces me sentía perdido, atascado en las dudas sobre mí mismo, y me resultaba imposible relajarme.

Quizás este apego a la rutina fue el motivo de que me resultase tan difícil abandonar un empleo una vez que lo había conseguido; tanto si se trataba del que tuve en el centro de salud, donde me dieron mi primer trabajo archivando y fotocopiando documentos, como en el centro de comunicación aumentativa, donde me dieron la posibilidad de ampliar mis horizontes. Me sentía seguro en esos lugares, y me costaba abandonarlos.

Aunque el paso de aceptar un empleo a jornada completa en el instituto de investigaciones científicas fue perturbador en muchos sentidos, también me obligó a acostumbrarme a la libertad, porque de repente estaba en un entorno donde mi carga laboral podía cambiar sin previo aviso, así como las fechas tope de entrega. Al principio me parecía insoportable estar rodeado de personas cualificadas, con educación y experiencia, cuando yo me había enseñado a leer y a escribir a la edad de veintiocho años, aprendiendo la mayor parte de lo que sabía de informática sentado a solas ante mi mesa. Estaba convencido de que no estaría a la altura de mis colegas, y mucho menos que podría competir con ellos.

Pero poco a poco me fui dando cuenta de que da lo mismo cómo llegues a un lugar, siempre que merezcas estar en él. A medida que ha transcurrido el tiempo ha aumentado mi confianza, y he descubierto que mis compañeros confían en mí. Da lo mismo que sea autodidacta, porque vivir consiste en comprobaciones y balances, pequeñas victorias y fracasos poco importantes. Me había pasado años deseando que me pasaran cosas, que mi vida se viera asaltada por sucesos inesperados. Aunque cuando empezó a sucederme esto cada día, semana y mes, me resultó desorientador, entendí que así es la vida: impredecible, incontrolable y emocionante.

Aún estaba alienado de ella en muchos sentidos, porque nunca había tenido ocasión de conocer a alguien del todo, de conectar con una persona de la manera que sólo puedes hacerlo cuando te enamoras. Entonces conocí a Joanna, y ahora estoy preparado para correr junto a ella el máximo riesgo. Por primera vez en mi vida, me da lo mismo lo que piensen otros, no me preocupa mantener las apariencias ni dar una buena impresión. No me importa decepcionar a alguien o no hacer un trabajo lo suficientemente bien. Desde que empecé a comunicarme he intentado justificarme por medio del trabajo y el estudio, aprender y conseguir. Pero lo único que no pienso justificar jamás es a Joanna.

Hace poco le dije que quería que supiera exactamente qué aspecto tengo antes de llegar a Inglaterra. Sentado delante del ordenador, sostuve con la mano derecha una *webcam*, que fui moviendo de un lado para otro. Primero le enseñé mi cara, luego mis brazos y la camiseta de algodón holgada que llevaba puesta, para luego alejar la cámara de modo que viera la silla en la que estoy sentado todos los días. Por supuesto, ella la había visto antes, pero ahora enfoqué la cámara en mi persona y le enseñé todos los detalles, para que no quedase nada oculto. Cuando enfoqué la cámara a las placas metálicas donde apoyo mis pies descalzos, Joanna se rio suavemente.

—¡Pies de *hobbit*! —dijo, riendo.

Pero a pesar de que escudriñé su rostro en la pantalla que tenía delante en busca de indicios de miedo o de confusión, supe que no los encontraría. Después de toda una vida de aguantar esas miradas, las detecto en un instante, pero en el rostro de Joanna no había nada más que una sonrisa.

—Eres atractivo —me dijo en voz baja.

Su forma de creer en mí es lo que me dice que hago bien al arriesgarlo todo por ella.

51

El ascenso

Me quedo observando la duna que se cierne sobre mí. Reluce bajo el sol.

—¿Estás listo? —pregunta mi hermano David.

Asiento.

Estamos de vacaciones en Namibia. Mi madre nació aquí, y hemos venido a conocer el país en el que creció, después de que Kim llegase de Gran Bretaña. Contemplo la duna y me pregunto cómo me las voy a arreglar para escalarla: tiene más de cien metros de altura. Mamá y papá se han ido a explorar, y le he dicho a David que quiero subir a la cumbre de esa duna. Vi la sorpresa en su rostro antes de que saliera del coche, descargase mi silla del maletero y me ayudara a subirme a ella y comenzara a empujarme por la arena. Ahora miro la duna que se yergue ante mí. Quiero recoger un poco de arena de la cima para dársela a Joanna. Esta duna es una de las más altas del mundo, y el desierto es uno de sus lugares favoritos.

«El silencio es tan profundo que hasta que no estás en un sitio así no descubres que en tu vida habías escuchado nada igual —me dijo—. Y el paisaje es tan inmenso que cambia con cada hora del día. Incluso la arena es más suave de lo que hayas tocado jamás.»

Por eso quería meter en una botella un poco de arena de lo alto de la duna, y enviársela de vuelta a Inglaterra con Kim, como un recuerdo mío y de los viajes que antaño hizo al desierto con su familia. Mientras observo a las personas que bajan corriendo de la duna después de haber llegado a la cima, el calor destella en oleadas. Bajan a trompicones tras la larga escalada, ríen y gritan alegremente.

—¿Cómo vamos a hacerlo? —pregunta mi hermano.

No estoy seguro. David me pasa el brazo por debajo de la axila derecha y me ayuda a ponerme en pie, y luego caigo de rodillas sobre la arena. Como no puedo gatear, mi hermano tira de mí hacia delante mientras yo intento ayudarle clavando el otro brazo en la arena, para impulsarme. Empezamos a subir lentamente por la duna, mientras las personas que van de vuelta en busca de bebidas frías y de sombra se nos quedan mirando sorprendidas. Es casi mediodía, demasiado tarde para hacer esto. La arena está tan caliente y suave que no deja de desmoronarse, y antes de avanzar un metro tengo que desenterrarme. Tendríamos que haber venido al amanecer, cuando la arena estaba más fresca y firme.

Mientras David tira de mí cuesta arriba, el sol nos castiga con fuerza. Los dos empezamos a sudar a medida que ascendemos; él tira y yo clavo mi codo en la arena y hago fuerza contra ella, intentando reducir el peso muerto de mi cuerpo que soporta mi hermano. Subimos más y más, yo arrastrándome por la arena y David tirando de mí. A medida que nos acercamos a la cumbre, la duna es cada vez más empinada.

Cuando nos detenemos para descansar, David me pregunta:

—¿De verdad quieres llegar hasta arriba del todo?

Vuelve la vista hacia la cima y yo hago lo mismo. Tengo que llegar a la cumbre. Como el miembro de una tribu que, movido por la superstición, danza para que llueva, debo convencer a los cielos de que me sonrían y demostrar a Joanna que no hay ninguna barrera que no supere por ella… ni siquiera la de mi propio cuerpo. Ésta será la prueba definitiva de que ahora ella forma parte de mí, y debo demostrarle que hará de mí mucho más de lo que jamás soñé que sería.

David suspira, exasperado, cuando le sonrío, y empezamos a avanzar penosamente una vez más, metro a metro. Tenemos arena en el pelo, la boca y los ojos, y la luz que rebota en la duna es cegadora.

—¡No os paréis! —grita una voz—. ¡Casi habéis llegado!

Miro hacia abajo. Kim está subiendo para reunirse con nosotros. Muy abajo veo a nuestros padres junto al coche, mirándonos. Al ver que miramos nos saludan con la mano.

—Vamos —dice David.

Llevamos subiendo tres cuartos de hora, y ya hace rato que las personas que empezaron el viaje con nosotros han regresado abajo. Debemos hacer un último esfuerzo para alcanzar la cumbre de la duna. ¡Está tan cerca! Pienso una vez más en Joanna mientras clavo el codo en la duna y me impulso hacia arriba. Poco a poco me voy arrastrando hacia lo alto. Por encima de mi cabeza el cielo es de color azul cobalto, y tengo la boca seca. El corazón me late desbocado, y escucho jadear a David mientras le da a mi cuerpo un último empujón. De repente, nos detenemos a descansar.

Estamos en la cima de la montaña de arena, y Kim se sienta a nuestro lado. Mientras intentamos recuperar el aliento, nadie dice nada. A nuestros pies el desierto se extiende como un mar infinito. Kim se inclina hacia mí. Tiene en la mano una botella de cristal. La observo mientras ella le quita el tapón y me la pasa. La hundo en la arena.

52

El billete

Ahora que estoy con la vista clavada en el monitor del ordenador, ¿qué es lo que me hace sentir esa amargura en el fondo de la garganta, la ira o la frustración? Dentro de diez días tengo que volar a Gran Bretaña, y estoy en el trabajo. Acabo de recibir un correo electrónico de un agente de viajes con quien contacté para preguntar las tarifas de los vuelos a Canadá. Dentro de tres meses debo asistir a una conferencia en ese país, y le he pedido a Joanna que me acompañe al evento en lugar de ir con mis padres, que siempre me han ayudado en el pasado. El agente de viajes quiere saber si quiero ir a Canadá con mi novia o con mi madre. Parece ser que una vez que el agente llamó para darme cierta información mi madre se puso al teléfono y le dijo que ella se encargaba de reservar los vuelos. Sé lo que está pensando.

Hace unas noches mamá dijo:

—Kim tiene una amiga que conoció a alguien en Internet y pensó que estaba totalmente enamorada de él. Pero luego conoció a aquel hombre y se dio cuenta de que no tenían nada en común. He oído decir que esto pasa mucho.

Por un instante no estoy seguro de cómo convencer a mi madre de que sé lo que me hago. Es como intentar decirle a alguien que no distingue los colores que el cielo es azul cuando él está seguro de que es verde.

«Joanna y yo nos conocemos demasiado bien para que pase eso —le señalo en mi panel alfabético—. Estamos seguros de nuestros sentimientos. Cuando nos reunamos todo irá bien.»

Mamá suspira.

—Espero por ti que así sea, Martin —responde—. De verdad que sí.

Entiendo su temor. Su hijo está desplegando sus alas veinte años después de lo que es habitual. Ella había esperado mucho tiempo este instante, y ahora que ha llegado siente miedo. Llevo toda mi vida atrapado en la infancia: primero como chico invisible y luego en los últimos años, cuando mis padres han participado en todos los pasos de mi progreso. Les cuesta pensar que vaya a volar por medio mundo sin ellos, y yo lo entiendo porque también a mí me produce cierta aprensión.

Cuando he volado a solas ha sido en vuelos locales, cortos; ahora tendré que cruzar océanos a solas para ver a Joanna, y hay muchísimas consideraciones prácticas que tener en cuenta. Sé que lo único que quieren mis padres es protegerme, pero también sé que no puedo pasarme el resto de la vida distanciándome de sus expectativas y de sus temores. En determinados momentos tendré que dar el salto a lo desconocido sin ellos.

«¿Amor mío?»

Un mensaje de Joanna destella en mi monitor. Hace unos minutos le envié un mensaje para decirle que teníamos que hablar.

«¡Gracias a Dios que has llegado! —escribo—. Tengo que comentarte algo.»

Le explico lo que ha hecho mi madre, y que me preocupa cómo disuadirla de que haga algo que cree que es para bien.

«Pero ¿por qué tiene que intervenir tu madre en esto?», pregunta Joanna cuando he acabado de explicarme.

«Porque descubrió que iba a reservar los vuelos, y dice que le preocupa que suban los precios si no consigo pronto los billetes», contesto.

No hace falta que le diga que a mamá también le inquieta que Joanna y yo rompamos durante mi visita al Reino Unido, lo cual haría que me quedase con un billete de avión inútil.

«Pero ¿no puedes detenerla? —escribe Joanna—. ¿Decirle que lo estamos organizando juntos?»

«Lo intentaré, pero no estoy seguro de que me escuche.»

«¡Pues tendrá que hacerlo!»

Durante unos segundos el monitor permanece vacío.

«Me estoy enfadando —acaba escribiendo Joanna—. No entiendo por qué tu madre tiene que meterse en esto. ¿No es cosa tuya? Si necesitas ayuda con algo, yo puedo dártela.»

Me gustaría poder explicárselo, hacerla entender que no es tan sencillo. Siempre nos hemos entendido mutuamente hasta ahora, pero de repente me pregunto si ésta será la primera vez en que no podamos hacerlo.

«¡Esto me pone muy furiosa! —escribe—. ¿Por qué no le dices simplemente que no interfiera?»

Esto es lo más cerca que hemos estado de una discusión, y tengo miedo. ¿Cómo explicárselo a esa mujer que exploró la sabana sudafricana y nadó en aguas profundas? ¿Cómo me hago entender cuando nuestras experiencias de la vida han sido tan diferentes?

«Mis padres son quienes me levantan de la cama por las mañanas —escribo—. También son los que me ayudan a vestirme, me dan de desayunar y me bañan, me llevan al trabajo y vuelven a recogerme.

»¿Qué haría si los enfado tanto que no quisieran hacer todas esas cosas? Sé que no pasará, claro, porque me quieren y nunca harían nada para perjudicarme.

»Pero saber algo no siempre quiere decir que no le tengas miedo, y estar en una silla de ruedas significa que necesitas a las personas de muchas maneras que no las necesitan quienes pueden caminar.»

Por unos instantes la pantalla queda en blanco. Luego aparecen cuatro palabras que me envía Joanna: «Lo siento, amor mío».

Acordamos hablar esta noche, pero primero quiero hablar con mi padre, de modo que le envío un correo para pedirle que hable con mi madre en mi nombre. Sin embargo, no hablamos del tema hasta que me siento con mis padres después de la cena.

«Tengo que hablar con vosotros dos —digo, usando mi panel alfabético—. Es importante.»

Mis padres me miran. El corazón me golpea en el pecho. Si quiero hacerles entender lo importante que es esto para mí, tengo que ser directo con ellos.

«Voy a ir a Canadá con Joanna —digo—. Ella es quien me ayudará en este viaje, porque eso es lo que quiero.»

Mi madre tiene pinta de ir a decir algo, y ruego que esté callada el tiempo suficiente como para dejarme terminar.

«Sé que pensáis que no es una buena idea, pero ya es hora de que empecéis a confiar en mí —continúo—. Tengo que tomar mis propias decisiones y cometer mis errores. No me podéis proteger para siempre, y estoy más seguro de lo que lo he estado en mi vida de que Joanna y yo conseguiremos que esto funcione.»

Mi madre guarda silencio un momento.

—No queremos impedirte hacer nada, Martin —dice—. Lo único que queremos es que seas feliz.

«Lo sé —le digo—. Pero si eso es lo que queréis realmente, debéis darme la oportunidad de descubrir en qué consiste mi felicidad. Por favor, dejadme hacerlo. Os ruego que me dejéis hacer esto.»

Mis padres permanecen callados unos instantes hasta que mi madre se levanta.

—Voy a hacer más café —dice en voz baja.

Ni mi madre ni mi padre añaden una palabra más. ¡Hay tantas cosas que mis padres han dejado en el tintero! Sólo me queda albergar la esperanza de que esta vez me escuchen.

53

La vuelta a casa

Después de que el piloto anunciase que volábamos sobre París, sentí que el corazón se me iba a parar mil veces. Ahora, mientras un hombre empuja mi silla por el aeropuerto de Heathrow, casi deseo que hubiera sido así. Joanna está a pocos instantes de mí, al otro lado de una de las paredes de este inmenso edificio. Intento respirar con calma, pero no puedo. Cuando por fin nos reunamos, ¿se convertirá en una película en blanco y negro ese mundo en tecnicolor que hemos creado durante los últimos seis meses?

—Ya casi estamos, señor —me dice una voz.

Me pregunto si esto no será un ensayo general. ¿No habrá un director que grite «¡Corten!» para que pueda repasar mi papel una última vez? Y ya puestos, ¿cuál es mi frase? ¿Qué voy a decir? Me he quedado en blanco.

El vuelo fue como una carrera de obstáculos que tuve que ir superando uno tras otro: volver a casa del trabajo y recoger mi maleta; acudir al aeropuerto y facturar; subir al avión y volar durante once horas sin comer ni beber nada, para asegurarme de que no me tiraba nada por encima y llegaba presentable para conocer a Joanna. Pero justo cuando pensaba que ya había superado todas las vallas, al aterrizar llegó al avión un encargado de aspecto sombrío.

—¿Adónde se dirige? —preguntó.

Joanna y yo habíamos hablado una y otra vez sobre el tipo de preguntas que podrían hacerme, y yo había preparado un panel de comunicación especial para el vuelo. Pero la respuesta a esta pregunta no figuraba en él, y aquel hombre puso cara de impaciencia mientras esperaba a que le dijese algo.

—¿Cuál será el destino de su vuelo de enlace? —preguntó.

Me lo quedé mirando.

Suspiró, frustrado ante mi silencio, hasta que al final me hizo una pregunta que sí podía contestar.

—¿Su destino final es Londres?

Asentí, y él hizo un gesto a un hombre mayor.

—Todo tuyo —dijo, y me sacaron del avión para que me entrevistara un agente de aduanas con cara de póquer, que selló mi pasaporte antes de que me llevaran a la zona de recogida de equipajes.

Ahora he recorrido kilómetros y kilómetros de pasillos para llegar hasta dos puertas blancas que se abren automáticamente cuando llego. Mientras me llevan al otro lado, veo una larga barrera metálica al otro lado de la cual esperan muchas personas. Algunas sostienen carteles que agitan en mi dirección; otras están reunidas en pequeños grupos familiares con cara de expectación. Docenas de ojos se clavan en mí hasta que la gente se da cuenta de que no soy a quien esperaban ver. Bajan los carteles y la gente aparta la vista mientras se disponen a seguir esperando. Miro a mi alrededor, escrutando los rostros y presa de los nervios, pensando que quizás haya habido un error y Joanna no esté aquí para recibirme. ¿Qué voy a hacer entonces?

—¿Martin?

Giro la cabeza. Ahí está ella. Apenas puedo respirar. Es más hermosa de lo que hubiera podido soñar. Me sonríe mientras se inclina hacia mí.

—Mi *liefie* —dice en afrikáans—. Mi amor.

Me siento un poco tímido durante un segundo, antes de que nos rodeemos con los brazos. Entonces, mientras la abrazo por primera vez, descubro que huele a dulce y a flores. Sé que nunca volveré a soltarla.

Estoy en casa.

54

Juntos

Estoy borracho, embriagado por todo lo que me está pasando por primera vez: ver su sonrisa cuando levanta la vista, sentada delante de mí, y perderme en sus besos, viendo cómo frunce las cejas mientras decide lo que quiere pedir del menú del restaurante, o sentarnos juntos bajo un árbol mientras llueve torrencialmente.

—Mi *liefie* —dice ella una y otra vez, como si intentara convencerse de que estoy allí de verdad—. Mi amor.

Después de pasar unos días en el apartamento de Joanna, donde celebramos su cumpleaños con Kim y algunos amigos, hemos viajado a Escocia. Ahora estamos solos, y apenas hemos visto las ondulantes colinas y el cielo que se cierne sobre ellas, sombrío o luminoso por turnos, ni los arroyuelos en torno a nuestro *cottage*. En lugar de eso, nos quedamos en casa, sentados o tumbados el uno junto al otro, unidos siempre por unas manos entrelazadas, un hombro contra otro o una pierna abandonada descuidadamente sobre un regazo. Después de todos estos meses de anhelar vernos, no soportamos estar separados ni un instante.

Apenas he usado el panel alfabético. Ahora dibujo las letras con un dedo sobre su piel, palabras trazadas en su piel que ella puede leer. En muchos sentidos son casi inútiles. Después de tantos meses de conversaciones nos hemos dicho todo, y muchas veces no necesito palabras, porque Joanna entiende muchas cosas con sólo mirar mi cara. Normalmente, un movimiento de ceja o una mirada bastan para responder a muchas de sus preguntas sobre aspectos prácticos. Los pensamientos fugaces que pasaron por mi mente antes de llegar, sin saber si tartamudearíamos educadamente sin saber qué decirnos, o si en nuestra timidez procuraríamos distraernos mutuamente a base de chistes, se han quedado en nada. Desde el momento en que nos reunimos en el aeropuerto hemos bebido el uno del otro, sintiéndonos cómodos en la presencia del otro.

Nunca he conocido a una persona que me acepte tan completamente y tenga tanta paz en su interior. Joanna no rellena las lagunas entre nosotros recurriendo a la charla intrascendente. En lugar de eso, nos dejamos llevar por la corriente de estar juntos, y hay veces en que casi doy un respingo de sorpresa cuando me toca; mis dedos se contraen cuando acaricia mi mano o mi barbilla se estremece cuando me besa en los ojos. Es como si mi cuerpo no pudiera creer su cariño. En mi vida había sido una fuente de placer para nadie. Es el sentimiento más sencillo, pero más perfecto de todos.

Somos cartógrafos de la piel del otro, siguiendo con la punta de los dedos la línea de las mejillas, la barbilla y las manos del otro, grabándonos hora tras hora la sensación del contacto mutuo. Sus manos encajan perfectamente entre las mías, y acaricio la cicatriz que se hizo cuando de pequeña se hirió la mano en un gallinero. Yo no era consciente de que el amor invadiría todos mis sentidos como lo ha hecho: cada fibra de mi ser ha sintonizado con ella mientras la veo sonreír, aspiro su aroma, escucho su voz, gusto sus besos y toco su piel.

Lo único que no hacemos es el amor. Acordamos antes de que yo llegara que esperaríamos, porque después de todo disponemos del resto de nuestras vidas. No le he pedido matrimonio, pero Joanna sabe que nos casaremos. Lo hablamos incluso antes de que yo llegase, y sé que voy a mudarme al Reino Unido para que empecemos una vida juntos. Me sorprende la facilidad con la que tomamos estas decisiones; es como si fuéramos una extensión del otro. Me encanta esta simplicidad después de toda una vida en la que incluso las cosas más insustanciales pueden ser complicadas. Hacer el amor será la última pieza del puzle que estamos haciendo. La reservaremos para nuestra noche de bodas.

Por ahora da la sensación de que Joanna esté curando todo aquello que había quedado enquistado en mi interior durante tanto tiempo, a medida que día tras día nos vamos conociendo más. Estoy acostumbrado a que la gente me obligue a hacer cosas o a que quieran que esté sentado, pasivo, mientras ellas las hacen por mí. Pero Joanna me acepta como soy ahora, y no se lamenta por lo que fui en otro tiempo. Sin embargo, lo que más me sorprende es que parece que mi rehabilitación apenas le importa. No me incita a hacer cosas, ni alza las cejas si no las hago. Le da igual si sólo cuento con mi panel alfabético, porque no resultaba práctico que me trajera mi viejo portátil. No quiere escuchar mi «voz». Tampoco revolotea a mi alrededor como una madre siempre a punto de tomar en brazos a un bebé que gatea. No, me ayuda sólo y cuando lo necesito. Confía en que conozco mi propio cuerpo, aun aceptando que hay algunos días en que éste puede hacer menos cosas que otros.

—Lo que no funciona no eres tú, son tus manos —me dijo un día cuando me frustré mientras intentaba ponerme una cazadora—. Déjalas descansar y prueba otra vez mañana.

Incluso los errores involuntarios que comete a veces no la asustan ni la avergüenzan, como les ha pasado a tantos otros.

—¡Mi *liefie*! —exclamó una mañana cuando me encontró tirado sobre la cama.

Me había dejado vistiéndome, pero había perdido el equilibrio mientras me ponía el suéter, y me vine abajo como un olmo recién talado.

—¿Estás bien? —preguntó Joanna soltando una risita mientras me ayudaba a incorporarme—. ¡La próxima vez me aseguraré de apoyarte mejor!

No pidió disculpas avergonzada, ni se sintió culpable por haber hecho algo mal, y su sencillez hizo que me sintiera cómodo. Se limitó a sonreír antes de darme un beso y salir del cuarto para que pudiera acabar de vestirme. Si quiere decir algo, lo dice tal cual, como lo hizo hace unas mañanas cuando me incliné para dar el último sorbo a mi taza de café, como hago siempre.

—No entiendo por qué siempre comes y bebes tan rápido —dijo Joanna—. Es como si siempre tuvieras prisa.

Durante unos instantes no entendí lo que quería decir. Nunca he comido o bebido lentamente. Estas actividades siempre han sido aceleradas, meros ejercicios para recuperar fuerzas, que hay que quitarse de en medio lo antes posible porque la gente invierte un tiempo precioso ayudándome a hacerlas. Apenas me he planteado lo que es degustar la comida o la bebida. Pero aquella tarde Joanna me dio mi primera cucharada de natillas con caramelo, y yo me obligué a paladearlas despacio. Primero noté la dulzura, luego la oscura riqueza del caramelo que inundaba mi lengua, seguida del más tenue matiz de amargura, y por fin la riqueza de la crema rematada por el aroma de la vainilla.

—¡Pareces tan feliz! —dijo Joanna.

Me ha contado que el placer que encuentro en las cosas es una de las mayores alegrías que le doy. Dice que nunca ha visto a nadie disfrutar de las cosas tanto como lo hago yo, y que le alegra ver que el mundo me maravilla tanto, porque hay casi tantas cosas nuevas como maneras de experimentar la alegría.

Pero hasta ahora estos pensamientos han sido, en su mayor parte, privados, y es un placer compartir mi alegría tan completamente con Joanna. Se ríe cuando abro los ojos como platos frente a una puesta de sol escarlata o sonrío complacido cuando tomamos una curva de la carretera y vemos la belleza de un paisaje verde esmeralda que se extiende delante de nosotros.

Su forma de aceptarme es el motivo de que yo haya empezado a esforzarme por hacer más cosas desde que llegué. Ella me induce a empezar a confiar en un cuerpo en el que perdí la confianza hace mucho. Hace un par de mañanas, después de una semana de observar a Joanna en la cocina, decidí que era el momento de probar yo. En mi vida había hecho a solas ni siquiera una taza de café, porque mis manos temblorosas son un recurso en el que poca gente confía en una cocina. Pero Joanna ha cocinado para mí toda la semana, y no dijo una palabra cuando le comuniqué que era mi turno de preparar el desayuno.

Después de sujetarme un asa de gomaespuma en la mano derecha para ayudarme a coger objetos pequeños, como cuchillos y cucharas, ella desenroscó las tapas de los botes de café y de mermelada, porque sabía que yo nunca podría abrirlos solo, y luego se dio la vuelta para irse.

—Voy a leer mi libro —dijo.

Me quedé mirando la tetera que tenía delante. No me atrevería a verter el agua hirviendo, pero sí que accionaría el interruptor para calentarla. Encendí la tetera antes de mirar el bote de café situado en el mármol que tenía delante. Estaba casi a la altura de mis ojos, y clavé la vista en él mientras estiraba el brazo y me inclinaba todo lo posible en mi silla. Mis dedos se cerraron en torno al bote, me lo acerqué y le di un toque a la tapa para apartarla. Entonces tomé una cuchara, mi bestia negra particular, un utensilio pequeño que mis manos insensibles no podían sujetar bien.

La cuchara repiqueteó en mi mano temblona cuando la metí en el bote y la llené de café. Mientras intentaba sacarla salieron algunos gránulos despedidos, y cuando por fin lo conseguí, los últimos se esparcieron por el mármol de la encimera. Me sentí frustrado. Desearía poder controlar mi mano rebelde, someterla a mi voluntad, aunque fuera una vez. Intenté meter la cucharada de café en dos tazas una, dos, tres veces, para luego pasar al azúcar. Para cuando reconocí que me había derrotado, una taza contenía suficiente café como para hacer sirope y la otra era aguachirle. Era un principio.

Luego llegaron las tostadas. Joanna había dejado unas rebanadas metidas en la tostadora, y pulsé el interruptor antes de desplazarme agarrado al mármol para llegar hasta la mantequilla y la mermelada. Me las puse en el regazo y luego me empujé, apartándome de la encimera y hacia la mesa, donde las deposité. Después volví a desplazarme por la cocina para llegar hasta la alacena donde estaban los platos. Inclinándome, la abrí y saqué lo que necesitaba, y luego volví a la mesa y lo dispuse todo.

Por último, necesitaba cuchillos. ¿Quién dijo que el desayuno es la comida más sencilla del día? A mí no me lo pareció. ¡Había tantas cosas que hacer bien! La tostada ya había saltado y se estaba enfriando, y el agua de la tetera estaba hirviendo. Si quería que Joanna disfrutara de algo caliente, tendría que darme prisa.

Saqué dos cuchillos de un cajón, dejé caer la tostada en mi regazo y me dirigí una vez más hacia la mesa. Aunque no iba a llenar las tazas de café, estaba decidido a, como mínimo, extender la mantequilla. Dejé uno de los cuchillos sobre la mesa, tomé el otro e intenté sujetarlo firmemente, mientras se movía de un lado para otro en el aire. Moviendo la hoja hacia la mantequilla, la vi pasearse por la capa superior del producto y salir. Me quedé mirando el tremendo cráter que había dejado en lo que antes fuera un bloque rectangular y perfecto de mantequilla, y luego acerqué el cuchillo a la tostada. Un trazo pegajoso de mantequilla apareció en mitad del pan.

Ahora a por la mermelada, mi último Everest. Atraje el tarro hacia mí y metí el cuchillo. Éste retembló en el interior del bote, y cuando lo saqué se desplazó bruscamente en dirección contraria a la tostada. Bajé el cuchillo, sujetándolo a mi voluntad, y éste chocó con un lado de la tostada, patinó por el plato y dejó un rastro rojo y brillante en la mesa. Observé la tostada magullada y luego paseé la vista por el suelo, cubierto de gránulos de café y azúcar. La mantequilla tenía el aspecto de haber sufrido el ataque de un animal salvaje, y la mermelada había explotado como un volcán por la mesa.

Me sentí eufórico. Había preparado las tostadas, el café nos esperaba en las tazas y el agua había hervido: Joanna podría desayunar. Di unos golpecitos con la cuchara sobre la mesa para decirle que estaba listo, y cuando entró en la cocina se le iluminó el rostro con una sonrisa.

—¡Es genial que me hayas preparado el desayuno! —dijo.

Cuando se sentó, me juré que aprendería a hacer más cosas para ella, que enseñaría a mi cuerpo a escuchar más atentamente mis órdenes, de modo que en el futuro pudiera cuidar mejor de ella.

—Mi *liefie* —dijo Joanna mientras paseaba la vista por la mesa antes de mirarme—. Sabes que no tienes que usar un cuchillo.

Arqueé las cejas con incredulidad.

—¿Por qué no usas la mano la próxima vez? —me dijo—. Sería más rápido para ti. Lo importante no es cómo hagas algo, sino que encuentres la manera de hacerlo, ¿no?

Sin decir una palabra más, nos comimos juntos la tostada. Al cabo de un ratito levanté la mano para acariciarle la mejilla. Por fin entendía lo que es el amor. Sabía que nunca sentiría por otra mujer lo mismo que sentía por Joanna. Era todo lo que necesitaría en mi vida.

55

No puedo elegir

—¿Martin?

Me aferro a la caja que llevo entre los brazos como si fuera un escudo que confío que me proteja de las agresiones.

—¿Martin? ¿Estás bien?

No la puedo mirar. Estoy petrificado. Hay luces que destellan por encima de mi cabeza, y música que vomitan unos altavoces estéreos. Hay adolescentes que vociferan mientras esquivan mi silla de ruedas, y delante de mí se alza un muro de zapatillas deportivas. Se supone que debo elegir unas de entre todas las que están dispuestas una encima de otra, pero no puedo. No sé cómo hacerlo.

—¿Las quieres blancas o de colores?

—¿Nike o Adidas?

—¿Clásicas, tipo bota o de *skater*?

—¿Por debajo de cincuenta libras o por encima de cien?

Al principio me gustó que los dependientes de la tienda me hablasen, aquí en Inglaterra. Pero ahora lo único en lo que logro pensar es en el par de zapatos de cuero marrón que tengo en el regazo y que Joanna acaba de comprarme. Ya se ha gastado mucho dinero; no merezco más.

—¿Te gustaría probarte algunas? —pregunta el dependiente—. ¿O quieres que tome la talla de tus pies?

Miro mis zapatos negros, resistentes. Los tengo desde hace como ocho años, y están reforzados en los tobillos para sujetarme bien los pies. Nunca me había planteado comprar otro par. Éstos son mis zapatos. Los llevo todos los días. Cuando no los llevo puestos, llevo zapatillas. Pero cuando Joanna me sugirió que podría probar algo nuevo, acepté, porque no sabía qué otra cosa decir. Pero ¿qué voy a hacer con tres pares de zapatos?

Sé que debo tomar una decisión, y demostrar que sé lo que quiero. Si no lo hago, Joanna descubrirá la verdad que llevo intentando ocultar desde hace tanto tiempo. Es un secreto que he guardado durante todos los meses que nos hemos conocido. Lo he escondido tan bien que he evitado que salga a la luz. Pero ahora no puedo hacer nada más para ocultarlo: no soy digno de ella. ¿Cómo voy a ser un buen marido si no soy capaz de elegir unas deportivas? Estoy perdido en el mundo de Joanna, donde hay que tomar decisiones constantemente: qué comer, adónde ir y cuándo hacer las cosas. En cuanto tomo una decisión, siento que ya hay otra que le pisa los talones, y me siento agobiado por decisiones que no estoy acostumbrado a tomar.

—¿Qué cereales prefieres? —me preguntó Joanna durante nuestra primera visita al supermercado.

Me quedé mirando el mural de cajas de cartón, con sus colores primarios, dispuestas en las estanterías que tenía delante, y me di cuenta de que no tenía ni idea de cómo empezar a tomar una decisión. ¿Cómo consigue la gente hacer algo con sus días cuando el mero hecho de elegir lo que van a comer al principio de ellos puede ser cuestión de horas? Lo mismo pasaba con todo lo del supermercado: no había un tipo de sopa, sino treinta, no un tipo de pan, sino cien.

Al ver que no lograba decidirme, Joanna me pidió que le dijera qué quería comer, pero ni siquiera pude hacer eso. Hace mucho que olvidé lo que significa tener hambre, o desear un tipo concreto de comida, porque me enseñé a ignorar la sensación de hambre en el estómago o cualquier deseo que sabía que nunca podría satisfacer. Ahora, de vez en cuando, puedo decidir qué me apetece comer, pero no puedo tomar tantas decisiones como para llenar todo un carro de la compra, como hacen otras personas.

Vuelvo a mirar las deportivas. Esperaba que llegase este momento. Sabía que me vería obligado a tomar una decisión por mí mismo en algún momento, pero Joanna no quiso escucharme. En lugar de ello, intentó asegurarme que podía sobrevivir en su mundo, de modo que he intentado hacerle ver que se equivoca preguntándole una y otra vez por qué me quiere.

—Porque eres un hombre bueno, cariñoso, que no se parece a ningún otro de los que he conocido —dice—. Porque eres inteligente y reflexivo, cálido y sabio. Porque amas del todo, y me has enseñado a bajar el ritmo y a percibir un mundo por el que durante mucho tiempo pasé como un relámpago.

»Hay muchos motivos, Martin: tu sonrisa, tu forma de mirarme. No puedo decírtelos todos.»

Sin embargo, esas palabras significan poco en estos momentos. Ni siquiera puedo decidir qué zapatos quiero. Joanna se dará cuenta de que aún no entiendo la vida adulta. Mi miedo al mundo es como una roca que me pesa en el interior, una sombra que amenaza con apagar toda luz. No soy lo que ella piensa. Soy un impostor.

—¡Qué hombre más guapo! —me dijo hace unos días mientras me afeitaba.

Cuando Joanna me sonrió en el espejo, no pude devolverle la sonrisa. De hecho, casi me quedé petrificado, porque nunca había escuchado a nadie llamarme «hombre». Hacía mucho que anhelaba escuchar esas palabras de una mujer, pero tardé años en aceptar la idea de que era adulto. Cuando Joanna me miró en el espejo, no pude soportar la idea de mirar mi reflejo, porque no me creía lo que ella me decía.

—Mírate, Martin —me dijo con cariño—. Por favor, mírate.

No me habría dicho que era un hombre si supiera la verdad: que cuando nos reunimos con Kim y con los amigos de Joanna para celebrar su cumpleaños, me sentí sobrecogido por estar entre tantas personas a las que no conocía; que cuando leo los menús de los restaurantes, no sé qué son la mayoría de los platos; que casi a cada minuto surge en mi interior el deseo de disculparme por algo que estoy seguro de que he hecho mal.

No es que no quiera ser lo que Joanna cree que soy. Lo único que quiero es protegerla y mantenerla a salvo. Pero cuando me mira ahora, me doy cuenta de que da igual lo que yo quiera; no soy el tipo de hombre que necesita. Nunca podrá depender de mí. Ahora estoy tan superado por el mundo que intento alejarme de esa pequeña sección que ya conozco y comprendo.

—Martin, cariño —dice Joanna—. ¿Estás bien?

El corazón me late presa del pánico mientras levanto la cabeza. Su rostro se desdibuja ante mi vista cuando los ojos se me llenan de lágrimas. No puedo hacer nada por contenerlas cuando empiezan a deslizarse por mis mejillas. Sentado en mitad de la tienda, empiezo a llorar mientras siento que sus brazos me rodean.

56

Fred y Ginger

¡Hay tantos momentos con ella que no olvidaré! Y éste es uno de ellos. Son sobre las once de la mañana, y estamos en Trafalgar Square, en el centro de Londres. Después de pasar el día haciendo turismo y yendo al teatro, ahora estamos en el centro de esa inmensa plaza. Por encima de nuestras cabezas, Nelson se yergue sobre su columna, vigilando Londres. Está protegido por cuatro enormes leones, y hay una fuente iluminada por focos. Por fin es de noche. En Inglaterra la luz solar no se amortigua hasta finales del atardecer, pero ahora el cielo sobre nuestras cabezas es negro. Pronto tendremos que irnos, pero antes hemos de hacer algo.

Tengo la cabeza llena de imágenes de las dos últimas semanas, fotos mentales que me llevaré conmigo cuando me vaya: sujetar a Joanna entre mis brazos por primera vez cuando fuimos a nadar y el agua me ofreció el apoyo suficiente como para sujetarla; entrar en York Minster y sentirme sobrecogido por la belleza de la catedral (la piedra y la luz, la paz y la tranquilidad) mientras sentía su mano en la mía; estar sentados en una rosaleda y almorzar bajo el sol; oler el aroma del café recién hecho cuando la tuve delante de mí, y asimilar que por fin estamos juntos. ¡Había tantos recuerdos para mantenerme a salvo! Quedarme dormido a su lado aun cuando los personajes gritaban en la pantalla de cine que teníamos delante; sonreír al ver la cara que puso cuando intentó tragar el amargo whisky escocés, y verla sonreír cuando nos sentamos juntos en el bosque de Sherwood.

Ahora, mirándonos, guardamos silencio. ¡Hay tantas cosas que soñamos con hacer antes de reunirnos!, y ésta es una de ellas. La tomo de la mano mientras empujo el cemento con los pies. Me inclino suavemente en mi silla mientras guío a Joanna para que describa un círculo a mi alrededor. La miro, y sé que ella también escucha la misma música que yo. Es una melodía alegre, ni demasiado rápida ni demasiado lenta. Ella ríe mientras da vueltas, y la brisa hace revolotear un poco su pelo. Me invade el gozo. Estamos bailando.

Joanna (Joan) y Martin, junio de 2008.

57

La partida

Si alguna vez me pareció que Joanna era un sueño, éste es el instante en que sé que es real. El dolor me inunda cuando la veo llorar. Hoy me voy del Reino Unido, y pasarán dos meses hasta que nos reunamos en Canadá. Cuando la miro, me digo que debemos mirar hacia fin de año, cuando ella tomará un vuelo a Sudáfrica para pasar la Navidad antes de que volvamos a Inglaterra para empezar una vida juntos. Esto es lo que hemos decidido que haremos, pero por el momento no se lo diremos a nadie hasta que hayamos hecho los planes definitivos. Pero, mientras le doy un beso en la mejilla, todo esto parece muy lejano. Ella se sienta, más tranquila, y se enjuga las lágrimas.

—¿Qué voy a hacer sin ti, mi *liefie*? —me dice mientras se inclina hacia mí para besarme.

La miro y sé que entiende todo lo que quiero decirle. Se aparta y se pone en pie suspirando.

—Voy a meter las maletas en el coche —dice—. Tendremos que irnos pronto.

Sus dedos abandonan lentamente mi mano, como si quisiera mantenerse en contacto conmigo todo el tiempo que sea posible. Pero mientras sale de la habitación los dos sabemos que hemos de aceptar lo inevitable. Mi corazón es como una piedra en mi pecho mientras miro la puerta abierta, pero debo ser fuerte para Joanna después de toda la seguridad que ella me ha proporcionado.

—Entiendo que las cosas no siempre serán así —me dijo después de que le contase mis temores de que ella hubiese elegido a un hombre tan desorientado por el mundo en el que ella vive—. Ésta ha sido la primera visita, y es lógico que te sientas agobiado. Sé que esa situación no durará para siempre, porque te acostumbrarás a vivir aquí.

»Sé que eres un hombre fuerte y capaz, Martin. Fíjate en todo lo que has conseguido. Por favor, no permitas que este viaje te haga dudar de ti mismo.»

Cuando me sonrió, supe que nunca me cansaría de sentarme a la mesa con ella y charlar. Es uno de los grandes placeres que compartimos, y a menudo somos los últimos que salen de un restaurante.

—¡Felicidades, joven! —me dijo un anciano un día al pasar al lado de nuestra mesa y ver cómo hablábamos Joanna y yo.

Nos lo quedamos mirando, sin saber qué quería decir.

—¡Por aprender a leer! —dijo, señalando mi tablero.

Pero ahora, cuando giro la cabeza para contemplar la habitación vacía, nuestra risa parece haber quedado muy lejos. Ya siento el dolor de perder a Joanna. Intento contenerlo; no debo ceder terreno. Tengo que ser fuerte para ella. Pero el dolor sigue y sigue creciendo. Todo ha cambiado en sólo dos semanas. Me he acostumbrado a que ella sea lo primero que veo cada mañana, y lo último por la noche, y a sentir sus caricias una y otra vez a lo largo del día. Ahora debo volver a mi antigua vida. Pero ¿cómo voy a hacerlo, cuando he esperado tanto para encontrarla?

Se me encoge el pecho y la tristeza se agudiza. Tomo una bocanada de aire mientras escucho un sonido medio apagado, un jadeo rasposo de dolor. Viene de ninguna parte. Miro a mi alrededor. La habitación está vacía. Lo he hecho yo. Es el primer sonido que me he oído emitir. Es el gemido grave de un animal herido.

58

El camino se bifurca

Desde que llegué a casa esta conversación ha estado suspendida en el aire como un pájaro siempre a punto de posarse.

—Desapareciste —dice mi padre cuando se sienta delante de mí—. Tendrías que habernos dicho dónde estabas y qué hacías. Cuando no tuvimos noticias tuyas, tu madre se puso histérica.

No creo que realmente él tenga ganas de hablar de esto, pero he estado esperando esta charla desde que Kim me llevó aparte justo antes de marcharme del Reino Unido.

—Mamá y papá han estado muy preocupados —me dijo—. Y a papá le molestó mucho que no le telefonees el Día del Padre.

No estaba seguro de que esto fuera verdad del todo. Mis padres están habituados a saber todo lo que hago y cómo, pero creo que cuando olvidé a mi familia por primera vez la que tuvo más problemas para encajarlo fue mi madre. Pero tengo la mente tan centrada en el futuro que apenas puedo pensar en el presente mientras mi padre me reprende.

De nuevo, Joanna y yo sólo tenemos Internet y el teléfono, y me pregunto cómo hemos sobrevivido los seis primeros meses de nuestra relación. Ahora me cuesta mucho más estar separado de ella que antes de conocernos en persona.

Pero en vez de volverme loco contando cada hora de cada día hasta que me suba al avión para ir a Canadá, intento mantenerme ocupado con otras cosas. Ahora mismo mi mayor distracción es un anillo que he mandado hacer para Joanna. Es una copia de uno que ella compró barato, pero que le encanta, y le he encargado a un joyero que lo haga usando oro auténtico, con un dibujo de hojas entrelazadas con esmeraldas diminutas. Se lo daré el día que le pida que se case conmigo.

—¿Martin?

Mi padre me está mirando.

—¿Me estás escuchando?

A veces me alegra no poder decir nada.

—Vale. Entonces, ¿estás de acuerdo en que tienes la responsabilidad de decirnos a los demás cómo estás? —me pregunta—. Sé que cuando estabas fuera estuviste ocupado con cosas más importantes, pero deberías haber mantenido el contacto.

Asiento.

Cuando mi padre se levanta para irse, la expresión de su rostro se ha relajado un poco. Por el momento lo he tranquilizado. Su mundo vuelve a estar en su sitio porque he vuelto a casa. Cuando sale del cuarto, entiendo por primera vez lo difícil que será para mis padres cuando les diga que me voy a vivir al Reino Unido para estar con Joanna. No sólo me voy de casa, sino que me traslado a medio mundo de distancia. Aunque quizá los adolescentes se enfrenten sin pensar con sus padres cuando intentan ser libres, es imposible que yo no sepa que alterar el curso de mi vida cambiará la de mis padres para siempre.

59

Confesiones

No fui consciente de que los sueños están en perpetuo movimiento hasta que eché la vista atrás para ver los míos y me di cuenta de lo mucho que habían cambiado. Hice este descubrimiento cuando Joanna y yo estuvimos en Canadá. En el seminario asistimos al taller de sueños de Diane Bryen, algo que he hecho en diversas ocasiones desde aquella primera vez en el centro de comunicación aumentativa.

—¿Qué quieres que dibuje? —me preguntó Joanna cuando nos sentamos juntos.

Recordé todas aquellas veces en las que me había preguntado a mí mismo qué me había atrevido a soñar desde que conocí a Diane. Cuando me formulé la pregunta por primera vez, lo único que deseaba era poder comunicarme mejor y salir al mundo. Una vez que conseguí eso y empecé a trabajar, soñé con llevar una vida más independiente y encontrar a alguien con quien compartirla. Ahora he conocido a Joanna y su sueño es también el mío: casarnos y tener un hogar.

Ahora tales cosas están casi a nuestro alcance, porque desde que volví del Reino Unido he estado tramitando un visado para trasladarme a Inglaterra. Mis padres saben que estoy inmerso en el proceso, igual que lo sabe mi hermano David, pero no hemos hablado del tema con detalle porque he sido reacio a exponer mis planes hasta que estén del todo en su sitio. Pero cuando estaba sentado allí, en el taller de sueños, supe que tenía que empezar a intentar contar a otros lo que quería hacer con mi vida, de modo que les dije que Joanna y yo planeábamos casarnos.

Pronto se corrió la voz, porque en la comunidad CAA soy bastante conocido entre los académicos y los expertos, los otros usuarios y sus familias. Aunque temía que a algunas personas les sentase mal que dejara atrás mi vida en Sudáfrica y todo el trabajo que había hecho allí, mis amigos y compañeros fueron más positivos de lo que me había atrevido a soñar. Todos ellos lo celebraron con nosotros, y desde entonces hemos estado contando las semanas que quedan hasta que nos vayamos a Inglaterra.

Por supuesto, dejar a mis padres será duro, y saber que pronto tendré que separarme de *Kojak* se me hace casi imposible: hemos sido compañeros constantes. Aunque Joanna ha analizado la posibilidad de llevarlo a Inglaterra, los dos sabemos que no funcionaría, porque el perro no lograría pasarse seis meses en cuarentena. Estoy seguro de que mamá y papá aceptarán quedarse con él, porque ahora casi les cae bien y todo, pero aun así me angustia pensar en el momento de decir adiós.

He demorado el instante de contar nuestros planes a mis padres porque primero quiero concretarlos. Ahora ya están claros. Dentro de pocas semanas Joanna llega a Sudáfrica para las navidades, después de las cuales me volveré a Inglaterra con ella. Por eso no puedo posponer más lo inevitable, y esta noche quiero decir a mis padres que voy a pedirle matrimonio a Joanna cuando esté aquí.

«Quiero hablar con vosotros», les digo cuando estamos los tres sentados en el estudio, trabajando.

Cuando me miran pienso en todas las horas que hemos compartido en este cuarto. Primero analizamos los aparatos de comunicación y luego los probamos. Luego el estudio estuvo repleto de cajas de cartón llenas de equipamiento, y observé cómo mis padres, con paciencia, cargaban información en mi ordenador. Recuerdo el asombro que sentí cuando pensé en que pronto dispondría de tantas palabras que poder decir, todos aquellos meses que mi madre se sentó a mi lado hora tras hora, semana tras semana, ayudándome a aprender a comunicarme, y la emoción que les dio fuerzas el día en que me vieron tecleando lentamente el número suficiente de símbolos como para decir una frase por primera vez.

Se sintieron igual de orgullosos cuando me ofrecieron un puesto en el centro de salud, y cuando descubrieron que me habían aceptado en una universidad. Han estado conmigo en cada paso del camino hacia el ancho mundo: me han acompañado a conferencias y reuniones; han rellenado impresos y me han ayudado a viajar; han escuchado conferencias y han estado a mi lado cuando me presentaban a gente; me han animado y estimulado cuando estaba deprimido, y han celebrado mis éxitos. También han satisfecho todas mis necesidades prácticas cotidianas, tanto si estaba en casa como fuera de ella. En lugar de caminar tranquilamente hacia la mediana edad, se han entregado a cuidar de mí, y lo único que espero es que ahora entiendan por qué me voy.

Desde que volví de mi viaje a Inglaterra, he visto cómo se disipaba su inquietud inicial respecto a Joanna. Ahora comprenden que nuestra relación va en serio, y les complace que tenga a alguien en mi vida a quien amar. Mi madre me ha dicho que nunca me había visto tan feliz. Mis padres me preguntan por Joanna, chatean con ella a veces y esperan con ganas que venga a visitarnos en Navidad. Ahora espero que también se alegren de recibirla en nuestra familia permanentemente, y que entiendan por qué debo dejarlos para vivir una nueva vida.

—¿De qué se trata? —pregunta mamá mientras se sienta a mi lado con mi padre—. ¿Ha pasado algo?

He preparado lo que quiero decir, y me observan mientras pulso una tecla y hago que aparezca el mensaje en la pantalla.

«Tengo que deciros algo, y espero que os alegréis», leen.

Mientras leen lo que tengo que decirles ninguno de los dos dice una sola palabra.

«Como sabéis, Joanna y yo estamos muy enamorados, pero hay algo más que debéis saber.

»Cuando venga en diciembre quiero pedirle que se case conmigo, y después de Navidad hemos planeado irnos juntos al Reino Unido.

»Llevamos hablándolo varios meses, y sé que esto es lo que debo hacer. Espero que os alegréis por mí.

Meto la mano en el bolsillo y saco el anillo que encargué para Joanna. Mis padres se lo quedan mirando y durante unos segundos ninguno de los dos dice nada.

—Es precioso —dice mamá al final—. ¡Oh, Martin! ¡Es precioso!

Se echa a reír, y mi padre también. Siento que me invade el alivio.

—¡Enhorabuena, chico! —dice papá mientras me abraza—. Es una noticia estupenda.

Se inclina hacia mí y añade:

—Estamos muy orgullosos de ti.

Mis padres están contentos. Entienden que ha llegado el momento de dejarme marchar.

60

Arriba, más arriba

Mientras espero a que Joanna se vista, afuera está oscuro, pero pronto amanecerá. Le he dicho que vamos a hacer algo especial, pero no le he comentado qué es. Lo único que le he contado es que debemos ponernos prendas ligeras de algodón, porque pronto hará calor. Es diciembre y los días pueden ser abrasadores. Joanna acaba de llegar para Navidad, y hemos pasado un par de noches juntos en una granja en la sabana. Hacía cuatro meses que no nos veíamos, y sé que está tan agradecida como yo de que ya nunca tendremos que volver a despedirnos. El día de san Esteban, seis días antes de que se cumpla el año desde que nos conocimos, volaremos de vuelta al Reino Unido para comenzar nuestra nueva vida.

Llevo oculto en el bolsillo el anillo que encargué para Joanna, sujeto a mi cinturón por un hilo de algodón, de modo que esté a salvo incluso si el temblor de mis manos hiciera que se cayese cuando le pida ser mi esposa. Casi no me creo que esté aquí sentado, a punto de pedírselo. ¿Es posible? ¿De verdad puede ser que mi vida haya cambiado tanto o esto es un sueño como aquellos en los que solía perderme durante semanas cuando era invisible? No me atrevo a pellizcarme por miedo a despertar, y no quiero que eso pase nunca.

Joanna llegó hace tres días, y después de conocer a mis padres me llevó a conocer a su madre en la granja en la que vive. Yo llevaba varios meses escribiendo a la madre de Joanna, sabiendo que un día tendría que pedirle la mano de su hija, y ahora le entregué la última carta.

«Quisiera pedirle a Joanna que se case conmigo —le dije—. Pero antes quiero pedirle su bendición.»

Durante un instante eterno, su madre no dijo nada, y luego me sonrió. Es una mujer generosa, que reconoce el amor cuando lo ve, aunque venga en un envoltorio que pocas personas logran apreciar.

Levanto la vista y sonrío cuando Joanna entra en el cuarto.

—Estoy lista —dice mientras avanza hacia mí.

Sumidos en la penumbra, su silueta se recorta frente a una pared blanca. Contengo la respiración: ¡es tan hermosa!

Salimos al exterior, al aire fresco de la madrugada, y subimos al coche que hemos alquilado. Le digo a Joanna por dónde tiene que ir, pero a medida que nos internamos en la sabana sudafricana deja de preguntarme adónde nos dirigimos. ¿Sabe lo que he planeado, o cree que ésta es sólo otra más de esas sorpresas que le doy cada día?

Mientras recorremos un camino de tierra, levantando polvo y acercándonos a un claro en la sabana, veo un globo aerostático desinflado en tierra, delante de nosotros. Joanna siempre ha querido ver el mundo desde el cielo, y se echa reír cuando descubre lo que le espera.

—¡No me creo que hayas hecho esto! —dice mientras se vuelve hacia mí y me besa.

Los dos salimos del coche. El piloto encargado de nuestro viaje nos espera bajo la luz grisácea de la mañana, y pronto el fuego anaranjado del quemador del globo empieza a iluminar la oscuridad, mientras en el horizonte se perfilan trazos de luz. Está saliendo el sol, y pronto lo veremos desde las nubes. Joanna y yo vemos cómo el globo asciende lentamente despegándose de la tierra en la que yacía y, cuando está hinchado del todo, nos subimos a la barquilla. Estoy sentado en un taburete alto, de modo que estoy al mismo nivel que Joanna y, cuando ella sube después de mí, me agarro al borde de la cesta.

El piloto del globo nos sonríe para indicarnos que estamos a punto de despegar, y el globo se va alejando lentamente de tierra. Miro el rostro de Joanna cuando comenzamos a ascender. Sonríe mientras ve cómo la sabana se va alejando de nosotros. Seguimos ascendiendo, y fijo la vista en el horizonte. Cada vez hay más luz. El cielo es color rosa, y los colores apagados de la sabana a nuestros pies van iluminándose poco a poco en verde y marrón. Mientras escucho el silencio, la tierra pasa como una exhalación. Aquí arriba es todo tan apacible que escucho el rugido del quemador y el chillido esporádico de algún ave.

Joanna y yo nos abrazamos mientras el sol va escalando el cielo, de un blanco cegador detrás de las nubes grises, y luego rosadas, iluminando las tinieblas con destellos naranjas. El horizonte que era negro por delante de nosotros se va volviendo gradualmente dorado bajo el sol, y vemos la tierra a nuestros pies: un río, los árboles y una cascada que se despeña en un valle; cebras que galopan, ñus y facóqueros bebiendo en una charca, jirafas ramoneando hojas.

—Es precioso —me dice Joanna.

Ha llegado el momento. Meto la mano en el bolsillo y saco el teléfono móvil. He grabado un mensaje en él, unas palabras que quiero que Joanna escuche. Me mira cuando le entrego unos pequeños auriculares, y ella se los coloca; pulso una tecla.

«No hay palabras en ningún idioma que logren expresar lo que siento por ti —le digo—. Entraste en mi vida y le diste un sentido. Inundaste de colores vívidos mi mundo gris, y siento que te conozco desde siempre.

»Cuando estamos juntos es como si el tiempo se detuviera. Das a mi corazón no sólo un motivo para latir, sino para cantar y alegrarse.»

Sonríe mirándome, y le aprieto la mano.

«Con cada día que pasa mi amor por ti es más fuerte y profundo, más rico y más sólido, porque eres hermosa por dentro y por fuera —digo—. Y aunque la vida no es un lecho de rosas, y en ocasiones debemos soportar problemas, lo que sé es que sin ti no funciono, y que no quiero pasar ni un instante de mi vida sin ti.

»Eres mi alma gemela, mi mejor amiga, mi compañera, mi amante, mi roca y mi fuerza, mi puerto seguro en este mundo alocado.

»Y por eso quiero abrazarte, adorarte, cuidar de ti, protegerte y amarte con todo lo que tengo.

»Así que ¿me concederás el honor, el inmenso privilegio, de compartir el resto de mi vida contigo y ser mi esposa?»

Meto la mano en el bolsillo y saco el anillo. Cuando lo sostengo delante de ella veo lágrimas en los ojos de Joanna: son como un lago dorado que reluce bajo la primera luz de la mañana. Se inclina hacia mí y dice:

—Sí, mi *liefie*. Estaré orgullosa de ser tu esposa.

Me da un beso largo y luego se aparta. La rodeo con mis brazos mientras contemplamos el horizonte. Se extiende infinito delante de nosotros.

La pareja recién prometida.

61

El adiós

La caja de cartón está al otro lado de la habitación, pero no estoy seguro de querer ver lo que contiene. La caja está llena de las piezas de Lego que, según me han contado, me encantaban cuando era niño. Pero ¿tengo fuerzas para invocar el espectro del chico invisible y ver cómo se plantan ante mis ojos sus miembros marchitos y sus ojos vacíos? Lo he visto tantas veces en los últimos días que no estoy seguro de que pueda hacerle frente de nuevo.

Joanna y yo estamos haciendo las maletas para que me mude a Inglaterra. Además de los artículos de uso cotidiano, hemos estado rebuscando en las cajas que mis padres han almacenado con el paso de los años, y he descubierto que buena parte de lo que me ha pasado está plasmado en recuerdos melancólicos de mi pasado: viejas radiografías e informes médicos junto a las sujeciones que en otro tiempo impidieron que mis dedos se engarfiasen; un viejo cojín para mi silla de ruedas, apilado sobre los baberos que solía empapar. Aunque cada objeto hace que en mi mente se reavive un recuerdo, para Joanna recrea mi historia por primera vez. Ella sólo me conoce desde que soy mucho más fuerte que entonces, pero ahora se hace una idea de todo lo que fui y hasta qué punto llegaron las vanas esperanzas de mis padres, plasmadas en cucharas con mangos desmesurados que, según pensaron en otro tiempo, yo aprendería de nuevo a sujetar.

En ocasiones me ha impactado lo que hemos encontrado, porque ahora que me he lanzado de cabeza a la vida casi había olvidado lo enfermo que estuve. Aunque he percibido lo difícil que le resulta a Joanna, también sé que no hay nadie más en este mundo con quien yo hubiera hecho esto. Si cualquier otra persona hubiera visto esto me habría sentido avergonzado e incómodo al ver cómo surgían delante de sus ojos tantos malos recuerdos. Pero teniendo a Joanna a mi lado, el único sentimiento que me embargaba mientras veía volver a la vida al chico invisible ha sido la tristeza al ver lo desgraciada que ha sido su existencia.

Ayer mi madre me dijo que en el garaje hay otra pila de cajas, pero tanto ella como mi padre parecían reacios a traérmelas. Cuando Joanna y yo las encontramos, descubrí por qué. Mientras que las cajas de Kim y de David están llenas de las pertenencias de unas vidas adolescentes (cintas de música y apuntes, viejos pósteres y prendas), las mías, apiladas en un rincón del garaje, amarillentas por el paso del tiempo y cubiertas de polvo, sólo contenían los juguetes de un niño. Era como si un niño hubiera muerto y hubieran empaquetado a toda prisa su vida; entonces recordé que eso era precisamente lo que sucedió.

—¡Fíjate en esto! —dijo Joanna después de meter en casa algunas cajas y abrir una de ellas.

Sostenía en la mano un peluche multicolor.

—Se llamaba *Popple* —dijo mi madre en voz baja.

Al levantar la vista la vi en el umbral del cuarto, como si temiera entrar en la habitación y ver el resto de lo que estábamos empaquetando.

—Era el favorito de Martin —añadió.

Miré el juguete, intentando recordar una época en la que un perrito de peluche de color naranja, con pelo verde lima, orejas rojas y patas azules era mi objeto favorito en el mundo. ¡Quería tanto recordar! Anhelaba tener el tipo de recuerdos que tienen otras personas, y saber qué significa para un niño querer tanto a un juguete que no lo puede abandonar. Pero por mucho que me he esforzado, nunca he podido encontrar ni un atisbo de un recuerdo así. Ahí dentro no hay nada, ni siquiera un resto de una imagen al que pueda aferrarme.

Pero me consoló ver un nexo con el pasado que a veces me preguntaba si había existido de verdad, a pesar de que sabía que para mis padres era un recordatorio doloroso de todo lo que habían perdido. Cuando mamá estaba a mi lado mientras Joanna abría más cajas (un caballo de madera que me había hecho el abuelo, el telegrama que anunciaba mi nacimiento, los libros del colegio), sentía su angustia. Mamá no dijo nada cuando Joanna encontró una hoja suelta de papel pautado en el fondo de una caja. En ella estaba escrita una carta que yo había enviado a Papá Noel cuando tenía ocho años, con aquellas palabras impresas con esforzada nitidez en la página. La leí lentamente, intentando escucharme en aquellas palabras que había escrito hacía tanto tiempo.

Querido Papá Noel:
Gracias por los regalos del año pasado. Eran justo los que quería.
Éstas son algunas de las cosas que me gustaría para esta Navidad: un velocímetro, un monopatín, un mecano, el Lego espacial, una botella de agua para mi bici, una célula solar, un coche teledirigido.
Papá Noel, le pediré a mi padre que deje encendidas las luces del árbol de Navidad. Papá Noel, en mi lista he mencionado el mecano. Si decides traérmelo, ¿podría ser el que lleva pilas?
Tu fiel receptor de regalos,
Martin Pistorius

P. D. Si puedo te dejaré un vaso con algo de beber y de comer. Le pediré a papá si puede dejar las luces encendidas del árbol de Navidad. Dejaremos nuestros calcetines junto al árbol.
P. P. D. También quiero un walkie-talkie.

Cuando leí aquella carta sentí una mezcla de tristeza y de alegría; tristeza por no poder recordar ser aquel niño pequeño y feliz, y alegría porque hubo un tiempo en que lo fui. Entonces miré a mi madre y vi que su expresión se había petrificado mientras escuchaba sus palabras. Nadie dijo nada mientras Joanna volvía a meter cuidadosamente la nota en la caja y cerraba la tapa.

—¿Lo dejamos por hoy? —dijo.

Ahora hemos vuelto al cuarto con las cajas, y estoy mirando la que contiene mis piezas de Lego. Cuando Joanna la abre, veo un amasijo de piezas: algunas pequeñas, otras grandes, algunas rotas y otras sucias. Hay tantas que la caja está llena casi hasta el borde, y sé que por lo menos hay dos más como ésta.

—Siempre fue tu favorito —dice mamá—. Te encantaba jugar con esto. Te pasabas horas construyendo cosas. El Lego era tu juguete favorito. ¡Eras un niño tan listo!

Su voz está preñada de tristeza. Apenas puede contener las lágrimas.

—No debí dejárselo a David —dice—. Me lo pidió una y otra vez y siempre le dije que no, hasta que un día le permití cogerlo. Nunca fue tan cuidadoso como tú con sus juguetes.

Sé que, mientras contempla la caja, ve a un niño pequeño sano y feliz que en otro tiempo sonrió encantado mientras combinaba piezas de plástico de brillantes colores.

—Se lo di a tu hermano porque pensé que no volverías a usarlo —dice mamá en voz baja—. No creí que jamás volvieras conmigo.

Cuando mi madre me mira y admite que dejó de tener esperanza, sé que en cierto sentido las heridas del pasado están tan recientes en su vida como lo han estado siempre. Aunque el niño al que le entusiasmaba el Lego es un desconocido para mí, es muy real para mis padres. Es el niño al que amaron y al que perdieron.

62

Lo que dejamos atrás

Estoy sentado en una cama, en la granja en la que vive la madre de Joanna. Dentro de pocos días regresaremos a Inglaterra. Joanna acaba de guardar en una caja mis piezas de Lego después de lavarlas. Aunque me las llevaré conmigo al Reino Unido, no me satisface ver que hayamos podido evaluar y empaquetar de nuevo así mi pasado. Desde que salí de casa de mis padres tengo un poso de tristeza en el estómago, que a medida que pasan los días cada vez se vuelve más pesado.

No puedo olvidar la cara de mi madre cuando contemplaba mis piezas de Lego. ¡Parecía tan perdida, tan herida! Y veo que mi padre sufre también, aunque sabe esconder mejor sus sentimientos. No puedo dejar de pensar en ellos, en mí y en el niño pequeño que encontré escondido en aquellas cajas. Nunca había entendido del todo cómo era hasta que las abrí y encontré a un niño que amaba los juguetes electrónicos y el mecano, que escribía educadamente a Papá Noel y adoraba a sus padres. Ahora no puedo dejar de pensar en él.

Al principio mis lágrimas brotan lentamente, deslizándose en silencio por mis mejillas.

—¿Martin? —exclama Joanna.

Se levanta del suelo y me rodea con sus brazos. Mi aliento surge en sollozos, y mis hombros se estremecen mientras pienso en todo lo que hemos perdido mis padres, mi hermano, mi hermana y yo. Me siento culpable al pensar en el sufrimiento que he causado, y desearía poder volver el tiempo atrás. ¡Si pudiera dar a mi familia la vida sencilla y feliz que merece! Entonces me embarga la confusión mientras me pregunto por qué mis padres tardaron tanto en rescatarme. ¿Por qué no se dieron cuenta de que había vuelto con ellos y no me protegieron? Por último lloro por todo el amor que le dieron a un niño que fue enfermando lentamente, por la devoción que me han mostrado desde entonces, y por ese niño pequeño al que acabo de conocer, pero al que nunca conoceré de verdad por mucho que lo desee. Lo único que tengo de él son trozos de papel y juguetes viejos, y sé que nunca me parecerá real. Será un espíritu, un recuerdo atrapado en fotografías desvaídas de alguien al que nunca conoceré.

Joanna me abraza con más fuerza a medida que mi llanto se intensifica. Lloro y lloro, incapaz de impedirme llorar por todo lo que han perdido tantas personas. Pero mientras me abraza, sé que Joanna nunca más tendrá que consolarme como ahora. Al enfrentarme al pasado ha reventado una presa que llevaba dentro. Ahora me estoy lamentando; un día, pronto, espero despedirme para siempre del pasado.

63

Una nueva vida

Nuestro piso en el Reino Unido es tan pequeño que mi silla de ruedas eléctrica es demasiado grande como para encajar en él, y sólo puedo desplazarme libremente por un pequeño tramo del pasillo en mi silla manual; me he quemado varias veces intentando dominar la tetera y la tostadora. Le he pegado fuego a un trapo de cocina y he usado un producto limpiamuebles para adecentar las baldosas de la cocina. Pero para mí, esos dos metros de suelo por el que puedo moverme es mi Hollywood Boulevard particular, el jardín que veo al otro lado de la ventana es la Alhambra y la diminuta cocina en la que intento preparar la comida es el restaurante parisino más selecto. Me equivocaba al pensar durante tanto tiempo que los únicos retos que valen la pena se encuentran en el trabajo o en mis estudios, viendo cuántos de ellos encontramos en la vida cotidiana.

Durante los meses que llevo en Inglaterra me he vuelto más fuerte, y ahora me puedo desplazar con bastante facilidad en esa reducida parte del piso a la que llego con mi silla impulsándome en el parquet con los pies. Aún no tengo los brazos tan fuertes como para controlar mi silla, pero ya puedo estar todo el día erguido en ella. Mi mano izquierda sigue siendo poco de fiar, pero la derecha mejora sin cesar. Ahora apenas intento usar las dos. Lo hago todo con mi brazo derecho, y parece que a mi cuerpo le gusta que le empujen en direcciones nuevas, porque mis fracasos se equilibran con mis progresos: no se me da bien abrir botellas, pero ahora puedo verter café en tazas; aún no logro atarme los cordones, pero sí puedo pasar la aspiradora por el parquet.

Sin embargo, buena parte de la vida cotidiana está fuera de mi alcance. Me siento inútil mientras veo cómo Joanna cuelga cortinas, o clavo la vista en cosas metidas en armarios a kilómetros de mis manos. Después de que una noche me diera por preparar la cena, intenté bajar un paquete de harina de una estantería usando una escoba, y vi cómo caía en picado hacia mí, sabiendo que no podía hacer nada por detenerlo. Cuando Joanna llegó a casa esa noche, me encontró (a mí y al resto del piso) bajo una capa de harina.

Mi peor error fue cuando intenté hacer de jardinero. Joanna llevaba tanto tiempo buscando un piso con jardín que yo quería mantenerlo arreglado a toda costa. De modo que cuando empezaron a salir dientes de león amarillos entre la hierba, decidí que había que hacer algo al respecto. Pero después de que hubiera rociado los dientes de león (y el resto del césped) con herbicida, al día siguiente nos despertamos para descubrir que la hierba estaba de color amarillo. Lo único que pudimos hacer fue asistir a sus últimos espasmos agónicos y darnos cuenta de qué había hecho mal. Joanna y yo hemos sembrado semillas, y esperamos que esa lluvia que cae tan a menudo en Inglaterra induzca el crecimiento de un nuevo césped.

Trabajo como *freelance* en el campo del diseño de webs, pero dedico el resto del tiempo a ser un amo de casa en formación. Me gusta aprender cómo llevar una casa, y Joanna me reprende tan poco por mis errores que me pregunto si realmente se entera de lo inepto que soy.

—¿Qué vamos a hacer? —preguntó quejumbrosa cuando descubrimos un clavo que sobresalía de una de las ruedas de nuestro coche.

Yo no tenía ni idea.

—¿Lo saco? —preguntó Joanna.

Cada vez tengo más claro que ella da por hecho que hay una larga lista de datos prácticos que yo guardo en mi interior por el mero hecho de que soy un hombre. Pero después de descubrir que no podía aconsejarla, Joanna se agachó y sacó el clavo de la rueda. Mientras oíamos el aire que salía del neumático y lo veíamos quedarse cada vez más plano, nos miramos y nos echamos a reír.

—La próxima vez sabremos qué hacer —me dijo.

Pero también ha habido momentos en los que he puesto a prueba demasiado su paciencia, y hace poco me lo hizo saber, una mañana de un fin de semana, cuando nos estábamos preparando para salir.

—¿Dónde vamos primero, al supermercado o a la farmacia? —me preguntó.

Yo no estaba seguro. Aún me cuesta tantísimo planificarme los días que me alegro de seguir el patrón que Joanna les impone.

«Me da igual», escribí.

Pero en lugar de levantarse de su silla y seguir hablando conmigo como suele hacer, Joanna no se movió.

«¿Qué pasa?», tecleé en el pequeño teclado del portátil que me ha dado ella para que lo use en vez de mi tablero alfabético.

—Nada —contestó.

Pero siguió sin moverse.

«¿Estás segura?»

—Del todo.

Seguimos sentados en silencio.

—Estoy esperando, nada más —dijo Joanna al final.

«¿A qué?»

—A que decidas lo que haremos esta mañana. Estoy cansada y quiero que tomes tú la decisión.

»Sé que puedes hacerlo, porque te he visto trabajando. Fuiste el centro de atención en la conferencia de Canadá, y tienes un control absoluto sobre ese mundo: guías a las personas y las tranquilizas, las aconsejas y las orientas.

»O sea que ahora quiero que hagas lo mismo en casa. Sé que no estás acostumbrado, pero estoy cansada de tomar siempre las decisiones, mi *liefie*. Por eso voy a quedarme aquí sentada hasta que decidas qué quieres que hagamos hoy.

Yo no estaba seguro de qué decir. Pero, al mirar a Joanna, me di cuenta de que si hacía falta se pasaría todo el día esperando.

«¿Qué tal si vamos primero al supermercado?», escribí al final.

Sin decir palabra, se puso en pie y nos fuimos. Voy aprendiendo lentamente qué hacer o comer, y decidir si tengo hambre o sed. Pero no es posible eludir la toma de decisiones por lo que respecta a nuestra boda en junio, para la que faltan sólo un par de meses.

Joanna está tan ocupada en su trabajo que me encargo de gran parte de la organización. Ella llevaba soñando tanto tiempo con ese día que ha reunido más de cien platos dorados que quería que usaran nuestros invitados. Pero cuando vimos que había tantísima gente que tendría que venir de lejos, decidimos hacer algo muy distinto, y vamos a celebrar una ceremonia sencilla en una iglesia a la que asistirán sólo ocho personas: mis padres, David y Kim, la madre de Joanna y tres de sus amigas que viven en Inglaterra. Por modesta que sea nuestra boda, hay que organizar la comida, las flores, los vestidos, los traslados, la iglesia y el restaurante y los menús. De hecho, hay tantos detalles que he elaborado un fichero repleto de información, que Joanna y yo leímos juntos antes de decidir lo que queremos.

El único aspecto del que estoy completamente seguro es el anillo que hice para Joanna antes de salir de Sudáfrica. Es una banda ancha de oro amarillo, punteada por diamantes y una filigrana que es el dibujo de dos mejillones pegados. Representan nuestro amor, porque una vez dos mejillones se funden como uno solo en una playa, ya nada puede separarlos, ni siquiera los embates del mar.

64

La espera

La iglesia es fresca y silenciosa. Al final del largo pasillo que se extiende ante mí, mi madre, hermano y hermana están sentados en un banco; las amigas de Joanna están en otro. Espero justo a la entrada de la iglesia, contemplando el enorme rosetón situado detrás del altar, delante de mí. Me alegro de que sus colores empiecen a relucir. Esta mañana ha llovido un poco, y no quiero que nada arruine este día. Pero ahora, cuando giro la cabeza para ver al otro lado de la puerta, veo la brillante luz del sol. Es ese tipo de glorioso día de junio que parece existir sólo en Inglaterra, con setos repletos de flores, rosas florecidas y un cielo azul que parece infinito.

Pienso en Joanna. No la he visto desde primera hora de esta mañana, cuando se fue para arreglarse a la casa de campo a la que iremos luego todos para el convite. Es una mansión georgiana que tiene unos prados verdes que se extienden delante de ella, y parterres de lavanda en torno a los cuales revolotean perezosas las abejas: una imagen perfecta. Ninguno de nosotros olvidará este día. Mi madre sonríe cuando miro pasillo abajo. Ha estado desprendiendo felicidad desde que llegó de Sudáfrica. Mi hermano y mi hermana están sentados en silencio junto a ella. ¡Qué grande es verlos aquí! Mi padre está a mi lado, porque será mi padrino de boda.

—Pronto llegará —dice, soltando una risita—. No te preocupes mucho.

No lo haré. Lo único que siento es una feliz impaciencia por ver a Joanna. Estoy tan deseoso de casarme con ella que he llegado hace casi dos horas. Me alegro de que papá esté a mi lado mientras espero.

Antes, mientras me ayudaba a vestirme (abotonando mi camisa blanca y haciéndome el nudo de la corbata roja, ayudándome a ponerme mi traje gris oscuro de mil rayas y a atarme los cordones de los zapatos), me di cuenta de que lo que más necesitaba yo hoy, un día entre días, era su presencia apacible y firme. Me proporciona un sentimiento familiar de seguridad; después de todo, es uno de los primeros recuerdos que tengo.

Cuando veo la alegría tranquila que irradia mi padre, me pregunto si se estará acordando de su propia boda. La vida matrimonial de mis padres ha distado mucho de ser fácil, y sospecho que ninguno de los dos se acaba de creer que haya llegado este día. Me recuerdan a unos niños que no se creen que, por fin, se ha hecho realidad un cuento de hadas. Sus ojos brillaron un poco más, sus sonrisas se ensancharon cuando Joanna y yo les enseñamos nuestro piso y todos los otros detalles de nuestra vida en este país. Han celebrado cada paso con nosotros.

Es la una y veinticinco de la tarde. Joanna ya estará en el carruaje tirado por caballos que la trae a la iglesia. Parecerá una princesa de cuento de hadas, y yo soy su príncipe, poco convencional. Pienso en ella. ¿Es feliz? ¿Está nerviosa? Sólo faltan unos minutos para que la vea. Contemplo la cajita del discurso que tengo en el regazo. Es un aparato antiguo, que ya tengo desde hace años, una versión más sofisticada de la caja negra que mis padres estuvieron a punto de comprarme. No la uso a menudo, pero hoy la llevo porque para que mis votos sean legales debo pronunciarlos. Parece ser que una persona debe pronunciar las promesas para que sean vinculantes, y un testigo tiene que controlar que yo aprieto el botón de «SÍ QUIERO» sin que nadie me obligue a ello.

Ahora pienso en las palabras que diré pronto. Mientras las iba introduciendo en mi aparato de comunicación, quedaron grabadas a fuego en mi memoria.

> Para lo bueno y para lo malo,
> en la riqueza y en la pobreza,
> en la salud y en la enfermedad,
> hasta que la muerte nos separe.

Jamás diré unas palabras que signifiquen más que éstas. Cada sílaba, cada línea, resonará en mi interior al pensar en los votos que sello con ellas. ¿Será posible que un mes antes de que se cumplan ocho años desde que me evaluaron esté sentado aquí, esperando a comprometer mi vida con Joanna?

Ella es quien me ha enseñado a comprender el verdadero significado del pasaje bíblico que leerán durante la ceremonia: «Y ahora permanecen estas tres cosas, la fe, la esperanza y el amor, pero la mayor de ellas es el amor». Mi vida ha tenido las tres cosas, y sé que sin duda la mayor de ellas es el amor, en todas sus formas. Lo he experimentado como niño y como hombre, como hijo, hermano, nieto y amigo, lo he visto fluir entre otros y sé que puede sostenernos en los momentos más difíciles. Ahora me acerco más al sol de lo que jamás pensé que pudiera remontarme.

Oigo unos pasos apresurados.

—¡Ya viene! —exclama alguien—. ¡Cerrad la puerta!

Mi padre se inclina hacia mí mientras el organista empieza a tocar.

—¿Estás listo, hijo? —pregunta.

Asiento, y él empieza a empujarme por el pasillo, mientras los recuerdos destellan en mi mente. ¡He visto tanto! ¡He llegado tan lejos! Cuando me detengo ante el altar, oigo unos comentarios emocionados en voz baja y giro la cabeza para ver a Joanna. Lleva un largo vestido blanco tachonado de cristales, y un velo cubre su rostro. Lleva entre las manos un ramo de rosas rojas, y sonríe. Se me para el corazón.

Hoy no pienso mirar atrás. Es hora de olvidar el pasado.

En lo único en lo que puedo pensar es en el futuro.

Ella está aquí.

Y camina hacia mí.

Joanna (Joan) y Martin recién casados, junio de 2009.
© JeffTurnbull.com

Agradecimientos

Querría dar las gracias a mi familia, que me ha ayudado en gran medida a ser la persona que soy ahora. Mamá, papá, Kim y David me enseñaron muchas lecciones importantes, como reír, la importancia de la familia y el estar al lado de los otros en los buenos y en los malos momentos. Os quiero mucho a todos.

Gracias a *Pookie* y a *Kojak* por su amor incondicional, que demostró que ciertamente el perro es el mejor amigo del hombre.

También quiero dar las gracias a Virna van der Walt, Erica Mbangamoh, Karin Faurie, la doctora Kitty Uys, la profesora Juan Bornman, Maureen Casey, Kerstin Tonsing, el doctor Michal Harty, Simon Sikhosana, la doctora Shakila Dada, Jéanette Loots, Corneli Strydom, Alecia Samuels, la profesora Diane Nelson Bryen, Elaine Olivier, Sue Swenson, Cornè Kruger, Jackie Barker, Riëtte Pretorius, Ronell Alberts, Tricia Horne y Sandra Hartley, por el apoyo que me prestaron y las lecciones que me enseñaron sobre el valor de la amistad.

¡Hay tantos otros a los que quisiera mencionar! Baste decir que estoy en deuda con amigos, colegas y auténticos desconocidos que, en cierto sentido, han supuesto una diferencia en mi vida y me han ayudado en mi viaje por ella.

A todos mis amigos y compañeros en el Centro para la Comunicación Aumentativa y Alternativa, gracias por vuestra ayuda, el apoyo y los años que pasamos juntos. También quiero dar las gracias a Dios, sin el cual no estaría aquí hoy, y por todas las bendiciones que disfruto y que sigo recibiendo.

Gracias también a Cilliers du Preez, que siempre estuvo dispuesto a ayudarme con mis problemas informáticos, a Albie Bester de Microsoft South Africa y a Paul y Barney Hawes, así como al resto de la gente en Sensory Software, que siempre estuvieron ahí para echarme una mano cuando lo necesité.

Por último, gracias a Ivan Mulcahy, que siempre estuvo a un correo electrónico de distancia, a Kerry Sharp de Simon & Schuster, que creyó en mi historia, y al final pero no en último lugar a Megan Lloyd Davies, por las horas de duro trabajo y el viaje que supuso la redacción de este libro.

*Puedes conocer más cosas sobre Martin
y la comunicación aumentativa y alternativa (CAA)
en su web personal, www.martinpistorius.com.*